Liebe brennt wie Feuer

die Rechenschaft und
Glaubensbekenntnis eines Täufers

Peter Riedemann

Geschrieben ins Gefängnis zu
Gmunden, Oberösterreich
im Jahre 1530.

2022

Ein Rechenschaft und bekandtnuß deß Glaubens. Vom Getreuen und lieben Brueder Vnd Diener Christi Petter Ridemann

Titelblatt des Peter Janzen Codex. Jakob Kleinsasser Sammlung, Crystal Spring Gemeinde, Ste. Agathe, Mb.

INHALT

Einleitung *(Dr. John J. Friesen, CMU)*	I
Die Liebe Gottes	1
Die Liebe Christi	6
Lasst uns Gott lieben	10
Lasst uns einander lieben	14
Was ist die Liebe?	23
Was ist der Glaube?	26
Verkündigung des Wortes Gottes	32
Was wir von der Taufe halten	34
Irrtum der Kindertaufe	39
Ich glaube an Gott	43
Der Sündenfall	46
Ein Gleichnis	49
Ich glaube an Jesus Christus	52
Was bedeutet ‚Christi Fleisch' essen?	58
Irrtum der Messe	62

Was wir vom Abendmahl Christi und des Herren halten und glauben	65
Brot und Wein als Symbole	73
Der Brauch Christi und des Antichrists gegeneinander	77
Ich glaube an den Heiligen Geist	80
Was wir vom Ehestand halten und glauben	82
Wie man des Haus Gottes bauen soll und was das Haus Gottes sei	87
Von den Sieben Pfeilern an diesem Hause	94

EINLEITUNG

In den letzten zwei Jahrzehnten stellten einige wichtige Forschungsprojekte das Leben und die Schriften von Peter Riedemann in den Mittelpunkt und gaben Aufschluss über einen der wichtigsten Anführer der frühen Hutterergeschichte. Riedemann war ein unermüdlicher Missionar, der in der Zeit zwischen 1529 und 1542 neun Jahre lang im Gefängnis ausharren musste. Von 1542 bis zu seinem Tod 1556 hatte er die Führung der Glaubensgemeinde inne. Er schrieb zwei Glaubenskonfessionen, von denen die jüngere zum Haupttext für junge Hutterer bei der Vorbereitung auf die Taufe und Verpflichtung zum gemeinschaftlichen Leben wurde.

Wer war Peter Riedemann, woher kam er und was bewegte ihn zum gemeinschaftlichen Leben? Die Hauptquelle für Peter Riedemanns Leben ist das Werk *Das Geschichtbuch der hutterischen Brüder*. Es erwähnt 1529 zum ersten Mal seinen Namen, als er in Gmunden in Oberösterreich im Gefängnis war.

Sehr wenig ist über Peter Riedemanns Leben vor 1529 bekannt. Vereinzelte Kommentare in das *Geschichtbuch* lassen vermuten, dass er in Schlesien, unmittelbar nördlich von Mähren, geboren wurde. Mitte der 1520er Jahre, als die Lehre der Täufer in der Schweiz und in Süddeutschland aufkam, gab es in Schlesien eine dynamische Täuferbewegung, die jedoch fast ganz in Vergessenheit geriet, weil sie von der Obrigkeit zerschlagen und ihre Quellen vernichtet wurden. Die Flüchtlinge aus Schlesien trugen maßgeblich zum Anabaptismus in anderen Regionen bei, ganz besonders in Mähren.

Mitte der 1520er Jahre gehörten in Schlesien die Lutheraner, Täufer, Sabbatarier und die Schwenkfelder zu den Reformgruppen. Es gab keine klaren Grenzen zwischen diesen Gruppen und die Mitglieder bewegten sich frei unter ihnen.

Täufer in Schlesien und Gegenden wie der Schweiz und Süddeutschland betonten die Erwachsenentaufe, Jüngerschaft, Rückbindung an die Heilige Schrift bezüglich Glauben und Bräuchen, eine Wiederherstellung von vergangenen Glaubenslinien und Gebräuchen der frühen Kirche und Frieden, was auch eine Trennung von der staatlichen Obrigkeit vorsah.

Die Schlesier unterschieden sich auch durch Sabbatarismus und durch ihr gemeinschaftliches Leben von den meisten anderen Täufern. Diese beiden Schwerpunkte entstammten ihrer strengen Wahrung der Heiligen Schrift. Sabbaratismus stammt aus dem Alten Testament, dessen Texte das Einhalten des Sabbat betonten. Gemeinschaftliches Leben gründet auf den Texten der ersten paar Verse der Apostelgeschichte, die beschreiben, dass die Kirche von Jerusalem alles gemeinschaftlich besaß. Die Tatsache, dass dieses Modell auch die große Ungleichheit zwischen Reich und Arm behandelt, war bedeutend, doch wahrscheinlich zweitrangig.

Es scheint, dass das schlesische Täufertum während der kurzen Zeit zwischen 1525 und 1528 ihre Blütezeit erlebten. 1528 zwang die Glaubensverfolgung die meisten Täufer zur Flucht. Eine große Gruppe, deren Anzahl einigen Aufzeichnungen zufolge bis zu 2,000 Menschen umfasst, floh nach Rossitz in Mähren, wo sie unter der Führung von Gabriel Ascherham ein gemeinschaftliches Leben aufbauten.

Das *Geschichtbuch* vermerkt bezüglich des folgenden Jahres 1529, dass Peter Riedemann in Gmunden in Oberösterreich im Gefängnis war, wo er weitere drei Jahre bleiben musste, bevor er 1532 freigelassen wurde. Während dieser drei Jahre schrieb er ein Werk, das als seine erste Glaubenskonfession bekannt wurde.

Nach seiner Entlassung aus dem Gefängnis ging Riedemann nach Mähren und schloss sich einer gemeinschaftlich lebenden Gruppe an, die von Jacob Wiedemann gegründet wurde und einer Gruppe von Täufern, die Nikolsburg in Mähren 1528 verlassen hatte. Sie ließen sich in Austerlitz nieder. Es ist nicht bekannt, warum sich Riedemann nicht der Ascherham-Gruppe in Rossitz anschloss, die schließlich aus seiner heimatlichen Gegend stammten.

Kurz nachdem Riedemann nach Austerlitz kam, heiratete er Katharine, die auch Treindl genannt wurde. Die Gruppe ernannte ihn zum Diener des Wortes und während der nächsten zehn Jahre, von 1532 bis 1542, wurde er zu verschiedenen mitteldeutschen Ländern auf Missionsaufträge entsandt, unter anderem nach Franken und Hessen. Er wurde mehrere Male aufgegriffen, doch dank der milden Einstellung der Machthaber nicht hingerichtet.

Anfang der 1530er Jahre kam Jacob Hutter, Anführer gemeinschaftlichen Lebens, aus Tirol nach Mähren. Hutter wollte sehen, ob ein verfolgter Täufer aus Tirol bei der mährischen gemeinschaftlichen Gruppe Unterschlupf finden könnte. Hutter schloss sich schließlich der Gruppe an, übernahm deren Führung und führte eine so konsequente und vollständige Bindung an gemeinschaftliches Leben ein, dass die Gruppe als die Nachfolger der hutterischen Lebensweise, auch Hutterer genannt, bekannt wurde. Hutter führte die Gruppe bis 1535 an, dann verließ er Mähren wegen der schweren Verfolgungen. Er wurde in Tirol aufgegriffen und 1536 hingerichtet. Hans Amon übernahm seine Position in Mähren.

1542, nach dem Tod von Hans Amon, bat die gemeinschaftlich lebende Gruppe in Auspitz Peter Riedemann, seine Gefangenschaft in Hessen zu verlassen und die Führung zusammen mit Leonard Lanzenstiel zu übernehmen. Da Riedemann während seiner Gefangenschaft sein Gefängnis jederzeit verlassen konnte, kam er dieser Bitte nach und verblieb in dieser Rolle bis zu seinem Tod 1556.

Während dieser vierzehn Jahre war sein Ziel, mehrere gemeinschaftlich lebende Gruppen mit den Hutterern zu vereinen. Er führte seine Kirche durch Jahre schwerer Verfolgung. Als in den 1550er Jahren Duldung gewährt wurde, war seine Kirche stark und vereint.

Riedemann war ein kluger und beständiger Anführer seiner Gemeinde. Seine Schriften machten ihn zum einflussreichsten Hutterer aller Zeiten. Seine zweite Glaubenskonfession prägt nach wie vor das hutterische Verständnis von Glauben, Gemeinschaft und Identität.

Es gibt eine Reihe von Büchern neueren Datums über das Leben und die Schriften von Peter Riedemann. 1993 veröffentlichte die Huttererbruderschaft der östlichen Vereinigten Staaten Riedemanns erste Glaubenskonfession unter dem Titel

Love is Like Fire: The Confession of an Anabaptist Prisoner.[1] Dieses Werk wurde zwischen 1529 und 1532 während Riedemanns Gefangenschaft in Gmunden geschrieben und stellt einige der Themen vor, die in der späteren Glaubenskonfession erneut aufgegriffen werden.

Die erste Glaubenskonfession ist in drei Abschnitte eingeteilt. Im ersten werden die Themen Liebe und Glauben behandelt. Gott ruft die Mensch auf, Gott und einander zu lieben. Lieben bedeutet auch Krieg und Gewalt abzulehnen. Gott lädt alle Menschen zum Glauben ein. Riedemann setzt voraus, dass alle Menschen die Fähigkeit haben, an Gott zu glauben und ihm zu erwidern. Es ist den Menschen nicht vorherbestimmt zu glauben, vielmehr hat Gott den Menschen die Fähigkeit geschenkt auf Glauben und Bundestreue einzugehen. Diejenigen, die sich im Glauben auf Gott einlassen, sollen die gute Nachricht an all jene weitergeben, die nicht glauben.

Der zweite Abschnitt des Glaubensbekenntnisses folgt der trinitarischen Gliederung des apostolischen Glaubensbekenntnisses. Hierin bereitet er die Struktur vor, die er später im zweiten Glaubensbekenntnis verwendet. Gott, so Riedemann, schuf die Menschen als grundsätzlich gut. Damit untergräbt er die lutheranische Sicht der totalen Sittenlosigkeit der Menschheit. Jesus Christus wird insbesondere in der Gemeinschaft geehrt und im gemeinschaftlichen Mahl verpflichten sich die Menschen immer wieder, sich gegenseitig zu dienen, sogar bis in den Tod. Der Heilige Geist ist als Tröster, Ermöglicher und Beschützer der Armen immer zugegen.

Der dritte und kürzeste Abschnitt des Glaubensbekenntnisses stellt die sieben Säulen vor, auf denen Gottes Haus gebaut ist.

---

[1] Peter Riedemann, *Love is Like Fire, The Confession of an Anabaptist Prisoner* (Farmington, PA: The Hutterian Brethren Service Committee, Inc., 1993).

Sie beziehen sich auf mehrere Aspekte Gottes, wie zum Beispiel Gottes Weisheit, Wissen, Rat und Macht.

Die vorliegende Ausgabe „Liebe brennt wie Feuer: die Rechenschaft und Glaubensbekenntnis eines Täufers" ist einen moderne Adaption der wortgetreuen Wiedergabe von Lydia Müller.

1999 wurde meine neue englischsprachige Übersetzung unter dem Titel von Riedemanns zweitem Glaubensbekenntnis, geschrieben zwischen 1540 und 1542, veröffentlicht. Der Titel dieser Übersetzung, die das Glaubensbekenntnis in modernem Englisch darbringt, ist *Peter Riedemann's Hutterite Confession of Faith*[2] und basiert auf Riedemanns Ausgabe des Glaubensbekenntnisses von 1565. Die geschichtliche Einführung gibt einen Hintergrund zur Person Peter Riedemann und den Kontext, aus dem das Glaubensbekenntnis entstand.

Das Glaubensbekenntnis besteht aus zwei Teilen. Der erste Teil bezieht sich hauptsächlich auf das apostolische Glaubensbekenntnis. Er behandelt die grundlegenden Affirmationen des christlichen Glaubens und zeigt, wie der hutterische Glauben an gemeinschaftliches Leben, Frieden, Erwachsenentaufe und Nachfolge Jesu in diesen historischen Affirmationen verankert sind. Der erste Teil endet mit einer langen Liste von Erörterungen über christliche Nachfolge in vielen praktischen Lebensbereichen. Der zweite Teil des Glaubensbekenntnisses enthält sechs ausführliche Abhandlungen zu verschiedenen Themen, die alle betonen, dass sich wahre Christen von weltlichem Leben, Sünde und Versuchungen fernhalten müssen.

Im Jahr 2003 veröffentlichte Andrea Chudaska, eine deutsche Wissenschaftlerin, eine Studie über Riedemann mit dem Titel

---

2 John J. Friesen, Übersetzer und Herausgeber, *Peter Riedemann's Hutterite Confession of Faith*, in *Classics of the Radical Reformation*, Vol. 9 (Scottdale, PA: Herald Press, 1999).

*Peter Riedemann, Konfessionsbildenes Täufertum im 16. Jahrhundert, Quellen und Forschungen zur Reformationsgeschichte.*³ Dieses Werk basiert auf Chudaskas Doktorarbeit, geschrieben unter Professor Gottfried Seebass, ein namhafter Anabaptist-Wissenschaftler an der Universität von Heidelberg.

Das Buch beginnt mit einem Literaturüberblick über Riedemanns Leben und Werk, unter anderem seine zwei Glaubenskonfessionen, seine Hymnen und Briefe, gefolgt von zwei ausführlichen historischen Kapiteln über Riedemanns Leben, welche zu einer theologischen Erörterung seiner zweiten Glaubenskonfession überleiten.

Chudaskas Kapitel über die Theologie der zweiten Glaubenskonfession ist detailliert, klar und bietet hilfreiche Einblicke in die Konfession. Sie weist besonders auf Riedemanns Betonung hin, dass die Hutterer nicht abtrünnig gewesen wären, das heißt, sie haben sich nicht von der wahren Kirche getrennt. Vielmehr hätten die Lutheraner und Katholiken den Lehren der frühen Kirche den Rücken gekehrt, die Hutterer seien hingegen dem Glauben und der Konfession der frühen Kirche treu geblieben.

Chudaska erörtert auch Riedemanns Ansicht über den Heiligen Geist, indem sie das Verhältnis zwischen dem Geist und dem Brief, Christologie, Eschatologie, Millenialismus und spiritualistischem Enthusiasmus in Augenschein nimmt. Ihre Stellungnahme ist, dass Riedemann eine hohe Meinung über den Heiligen Geist habe, jedoch den Glauben nicht vergeistige. Der Glaube müsse im täglichen Leben in der Gemeinde zum Ausdruck kommen. Es sei keine menschliche Leistung, sondern die befähigende Kraft des Heiligen Geistes, die eine Ordnung möglich macht. Sie charakterisiert Riedemanns Theologie als

---

3 Andrea Chudaska, *Peter Riedemann, Konfessionsbildenes Täufertum im 16. Jahrhundert, Quellen und Forschungen zur Reformationsgeschichte* (Bd. 76, Heidelberg: Verein für Reformationsgeschichte, 2003).

„institutionalisieren Spiritualismus", einen tiefen Spiritualismus, der sich konkret im täglichen Leben ausdrückt.

Werner Packull hat zwei Bücher geschrieben, die einen bedeutenden Beitrag leisten, wenn man Riedemann verstehen will. Das erste Buch heißt *Hutterite Beginnings, Communitarian Experiments during the Reformation*[4] und wurde 1995 veröffentlicht. In der Einleitung erörtert Packull wie sich die Interpretation von Anabaptismus über die Jahre hinweg verändert hat. Packull gehört zu einer Gruppe von revisionistischen Wissenschaftlern, die Harold S. Benders Denkansatz bezüglich der Forschung von Anabaptismus in Frage stellten, insbesondere seine „anabaptistische Ansicht."[5] Anstatt den theologischen Charakter der Täufer zu betonen, siedeln diese revisionistischen Wissenschaftler Anabaptismus innerhalb eines weltlicheren Zusammenhangs an, genauer genommen, innerhalb ihres sozialen, politischen und wirtschaftlichen Umfelds. Sie weisen Benders Idee, dass Anabaptismus in der Schweiz entstand, zurück. Auch betonen sie die Verbindung zwischen Anabaptismus und den Bauernaufständen von 1524-25. Sie betrachten Hans Hut als Schlüsselfigur für gemeinschaftlich lebendene Täufer in Mähren.

2007 folgte Packulls Buch *Peter Riedemann: Shaper of the Hutterite Tradition*.[6] Um Riedemanns Geschichte wiederzugeben, bedient sich Packull einiger Tagebücher, der hutterischen Chronik (*Geschichtbuch*), vieler Briefe, Gerichtsaufzeichnungen und mehr. Er liefert einen Bericht über Riedemanns Leben und analysiert die Einflüsse auf seine Theologie. Insbesondere erörtert er Riedemanns zwei Glaubenskonfessionen, wobei er Riedemanns zweiter Glaubenskonfession ein ganzes Kapitel widmet.

---

4 Werner O. Packull, *Hutterite Beginnings, Communitarian Experiments during the Reformation* (Baltimore, MD: The Johns Hopkins University Press, 1995).
5 In vielen Quellen veröffentlicht, so auch als Einzelbroschüre, Harold S. Bender, *The Anabaptist Vision* (Scottdale, PA: Herald Press, 1960).
6 Werner O. Packull, *Peter Riedemann: Shaper of the Hutterite Tradition* (Kitchener, ON: Pandora Press, 2007).

Zwei Aspekte von Riedemanns Leben sind jedoch nicht so weit ausgeschöpft, wie man sich das wünschen möchte. So wurde sein schlesischer Hintergrund zum großen Teil ignoriert. Packull scheint es eher darauf abgesehen zu haben, den Einfluss des mitteldeutschen Umfelds auf den Bauernkrieg und Hans Hut herzustellen.

Weiterhin wurde dem Einfluss der tirolerischen Täuferbewegung wenig Aufmerksamkeit geschenkt. Diese Nichtberücksichtigung ist seltsam, da Packull in anderen Forschungsarbeiten ausführlich über den Anabaptismus in Tirol geschrieben hat. Der Grund für die Auslassung in dieser Arbeit mag darin liegen, dass Packull zeigen wollte, dass hutterisches gemeinschaftliches Leben hauptsächlich vom Einfluss Hans Huts spiritualistischer und apokalyptischer Theologie abhing. Darin, so glaube ich, überbewertet Packull den Einfluss, den Hut hatte. Den Quellen zufolge wurde das gemeinschaftliche Leben der Hutterer hauptsächlich von gemeinschaftlich lebenden Täufern in Tirol geprägt. Tirolerischer Anabaptismus verdrängte den spiritualistischen und apokalyptischen Anabaptismus von Hans Hut.

Diese kurze Literaturübersicht macht deutlich, dass die Forschungsarbeiten reichhaltige Quellen zum Verständnis der Bedeutung von Peter Riedemann darstellen. Dabei führen sie den Leser in die Geschichte der Täufer des 16. Jahrhunderts ein und damit in das unbeständige Feld der Interpretation derselben.

Dr. John J. Friesen
Professor emeritus für Geschichte und Theologie,
Canadian Mennonite University, Winnipeg, Manitoba

DIE LIEBE GOTTES

Gott, in seiner allmächtigen Kraft und Gottheit, schwebte im Wind, als es noch keinen Standort gab und ehe der Welt Grund festgelegt wurde; er, das unendliche Wesen, war in seiner Herrlichkeit allein. Deshalb, dachte er, dass es zu wenig sei. Es gab nichts das ihn pries und das Lob seines Namens rühmte, denn er wollte gepriesen werden.

In seinem ewig beständigen und unwiderruflichen Rat erschuf er Himmel und Erde und erfüllte dieselben mit seiner Herrlichkeit—das heißt, mit allen Geschöpfen, dem Werk seiner Hände, woran man sein unsichtbares Wesen und seine ewige Kraft erkennen und sehen wird, wenn man darauf achtet.

Als er sein Werk ansah, befand er es zwar als sehr gut und nach seinem Willen entsprechend. Aber unter ihnen war noch kein Werk und kein Geschöpf,

[4]

Röm. 1, 20

Gen 1, 31

das ihn preisen konnte, wie er es wünschte. Darum sprach er: „Ich werde Menschen machen, die nach meinem Bild gestaltet sind." Sie sollen vollkommen und rein sein, ohne jegliche Makel.

Gen 1, 26

Gen 1, 27 ff.

Er schuf sie als einen Mann und eine Frau und übertrug ihnen die Herrschaft über alle Werke seiner Hände, ausgenommen den Baum des Lebens und des Wissens um Gut und Böse. Von denen sprach er: „Wenn ihr davon esst, werdet ihr sterben müssen." Der Mensch aber, den Gott gemacht hat, damit er Lob von ihm habe, wandte sich bald ab und vergaß das Gebot seines Schöpfers und alle Wohltat, die er ihm geschenkt hatte. Er wählte statt des Gehorsams den Ungehorsam und aß von der verbotenen Frucht.

Gen 2, 17

Gen 3, 6

Das führte zur Versuchung und zum Fall. Der Zorn Gottes kam über ihnen und ihren Nachfahren. Gott verfluchte auch die Erde, die Disteln und Dornen tragen sollte, wenn der Mensch auf Gutes hoffte, zur Strafe dafür, dass auch Gott Gutes und Gehorsam von ihm erwartet hat, dieser aber Disteln und Dornen und Ungehorsam gezeigt hatte. Darum kam auch der Tod und das ewige Verderben über ihn und seine Nachkommen. Und es war ihnen allen unmöglich, das zu erlangen was der erste Mensch, Adam verloren hatte—das ist Gottes Gunst und Gnade; denn der Zorn Gottes

Gen 3, 17 ff.

[5]

war über sie gefallen und sie lagen unter der Sünde, in der Gewalt des Todes, wie unter einer schweren Last, die ihnen niemand abnehmen konnte. Der einzige und ewig mächtige Gott allein, gegen den sie gesündigt hatten, konnte sie durch seinen allerliebsten Sohn erlösen.

Gott aber in seinem allergrößten Zorn, der über uns gefallen war, konnte uns seine Liebe dennoch nicht vorenthalten und verbergen, weil es nämlich unmöglich war, denn er selbst ist die Liebe. Darum musste er sich selbst treu sein und sich offenbaren, indem er die Liebe dem menschlichen Geschlecht entgegenstreckte und nach dem Fluche wiederum einen Trost gab durch seine Verheißung, damit der Mensch Trost und Hoffnung habe. Und so sprach er zu der Schlange: „Ich will Feindschaft setzen zwischen deinen Nachkommen und den Nachkommen der Frau. Und die Nachkommen der Frau werden dir deinen Kopf zertreten." Dieser Nachkommen ist Christus, unser Heiland, welcher der Schlange den Kopf zertrat, d.h. dem Teufel seine Gewalt und Herrschaft genommen hat.

Gen 3, 15
Rom. 16, 20
Hebr. 2, 14

Welch eine große Liebe ist das! Gott tröstet uns, seine höchsten Feinde, durch eine so hohe und liebliche Zusage, uns vom Tod zu befreien, den wir mutwillig verdient haben, und ein ewig währendes Leben zu geben, umsonst, ohne unseren Verdienst!

Rom. 5, 10

So mild ist er mit seiner Barmherzigkeit wie ein Brunnen, der überläuft, so läuft auch seine Barmherzigkeit über alle, die sie begehren. Er ruft alle zu solcher Gnade, indem er sagt: „O ihr alle, die ihr da dürstet, kommt zu dem Wasser und ihr, die ihr kein Geld habt, kauft Wein und Milch umsonst!" Wer hat jemals jemandem solche Liebe erwiesen wie der Herrscher aller Dinge selbst seinen Verächtern gezeigt hat? Und er tut es noch, indem er täglich für sie sorgt, indem er ihnen Speise, Trank, Kleidung und alles Nötige gibt, auch die Kraft und Stärke des Leibes. Ja, was hat der Mensch, das er nicht von ihm empfangen hat, oder was kann er gewinnen, das nicht zuvor von Gott gemacht worden ist und er es ihm gebe. Dem wird nun aber kaum für die Gaben gedankt, obwohl von ihm alles kommt. Er sorgt für uns wie eine Mutter für ihre Kinder, die sie an ihren Brüsten säugt. Er will nicht, dass uns etwas Böses widerfahre, sondern will uns vor allem erretten, wenn wir nur auf seine Stimme hören. Denn gleich wie ein Vogel über seine Jungen, so wacht er über uns, uns zu helfen, wie er spricht: „Wenn du mich in der Not anrufst, will ich dich erhören und dir helfen."

Jes. 55, 1

1. Kor. 4, 7

Ps. 50, 15
Ps. 91, 15

[6] Welch ein treuer Gott, der alle unsere Übertretungen so bald vergisst und uns mit seinen

alleredelsten Gaben begnadet! Darin aber besteht die Liebe Gottes, dass er seinen eingeborenen allerliebsten Sohn nicht verschont hat, sondern ihn in die Welt gesandt und in den Tod gegeben zur Sühne für unsere Sünden. Ach, ist das nicht eine große Liebe, dass er seinen Sohn, den einzigen, den er lieb hat, in uns, die wir des Todes waren, wieder lebendig machte und zu seinem Reich führte? Ach, was hätte er noch für uns tun können, das er für uns noch nicht getan hat? Oder was hätte er uns noch erweisen können, das er uns nicht bereits erwiesen hat? Er der uns seinen Sohn geschenkt hat! Aber nicht nur das, sondern auch sich selbst hat er uns als Vater gegeben und uns als seine Kinder angenommen, indem er uns die Sünden vergeben hat—umsonst. Darum müssen wir ihm auch nichts zurückzahlen und darum begehrt er auch nichts als das allein: dass wir an seinen Namen glauben und an Jesus Christus, seinen Sohn, den er gesandt hat als Heiland der Welt.

Rom. 8, 32

1. Joh. 4, 10

Rom. 8, 32

Joh. 1, 12

Joh. 6, 29

1 Joh. 4, 14

DIE LIEBE CHRISTI

Joh. 1, 1 ff.   Christus Jesus, das ewige Wort des höchsten Gottes, das beim Vater war, ehe die Welt erschaffen wurde, der zugleich mit dem Vater
Spr. 8, 23   alles hervorbringt—wie geschrieben steht: „Ehe
Spr. 8, 30   die Welt wurde, war ich, spielte ich und vergnügte mich vor ihm, und als er alles geschaffen hatte, half ich ihm, denn durch ihn ist alles gemacht."
Joh. 1, 3   Alles aber, was gemacht ist, das besteht und bleibt in ihm, und durch ihn wird es wiederum beendet werden. Dieser ist gekommen von der Höhe in sein Eigentum, aber die Seinen nahmen ihn nicht an; die ihn aber annahmen, denen hat er das Recht
Joh. 1, 11 ff.   gegeben, Kinder Gottes zu werden. Ach, ist das nicht eine große Liebe, dass Jesus Christus, der Sohn des ewigen Vaters, die Herrlichkeit bei dem Vater verlassen hat, die er vor der Erschaffung der Welt hatte, und in die Welt gekommen ist, in

Knechtsgestalt, Armut und Elend, versucht worden ist und gelitten hat, damit er uns vom Elend und dem Joch der Knechtschaft befreie! Der Herr aller Herren und König aller Könige ist für uns arm geworden, damit wir in ihm reich werden. Darin besteht die Liebe Christi, dass er sein Leben für uns hingegeben und den Tod auf sich genommen hat, um uns, die wir des Todes waren, zu befreien; denn es steht geschrieben: „Niemand hat eine größere Liebe als diese, dass er sein Leben für seine Freunde lässt, und ihr seid meine Freunde, wenn ihr tut, was ich euch geboten habe. Darum aber lasse ich mein Leben, damit ich es wieder nehme. Niemand nimmt es von mir, sondern ich lasse es von mir selber." So lieb hat uns Christus gehabt, dass er den Tod auf sich genommen hat, ja den allerschmählichsten Tod, nämlich den Tod am Kreuz, und so ist für uns ein Fluch zur Erlösung geworden. Es steht geschrieben: „Verflucht sei jeder, der am Holz hängt!" *Phil. 2, 6 ff.* *2 Kor. 8, 9* *1 Joh. 3, 16* *Joh. 15, 13 ff.* *Joh. 10, 17* [7] *Gal. 3, 13*

Ach, wie hätte er nur eine größere Liebe haben können als diese: dass er so viel Armut, Elend und den Tod durch das Vergießen seines Blutes geschenkt hat, indem er die Trennwand zerbrochen hat, und die Handschrift, die gegen uns war, zusammen mit den Urteilen ausgetilgt und uns einen sicheren Zugang zum Vater verschafft und bereitet und uns die Huld des Vaters erworben hat. Seht, gar keine Arbeit hat *Eph. 2, 14* *Kol. 2, 14*

er sich erspart, die er nicht erfüllt hatte, welche zu
Eph. 3, 12 unserer Erlösung nötig war, nur deswegen, damit wir mit Gott Freude haben können und er die schwere Last, die auf uns lag, von uns nehmen konnte, die wir auf gar keine andere Weise ablegen und loswerden konnten als durch ihn. Denn der Satan hatte uns mit seinen Stricken hart gebunden
Lk. 11, 21 und stand wie ein Starker und Bewaffneter da und hielt uns so lange in seiner Gewalt, bis die festgesetzte Zeit der Gnade von Gott näher kam, zu der er den starken Helden sandte gegen den niemand etwas vermag. Jesus Christus, unser Herr, der dem Teufel seine Macht entnommen hat,
Hebr. 2, 14 ff. die Bande zerrissen und das Gefängnis, das uns
Eph. 4, 8 gefangen hielt, unter seinen Gehorsam gezwungen
Lk. 1, 68 und uns, sein Volk, erlöst hat, damit wir ihm allein von ganzem Herzen anhängen und ihm dienen sollen.

Der Mensch nun, der die Liebe Gottes des Vaters und seines liebsten Sohnes erkennen und zu Herzen nimmt, was für eine große Gnade er uns schenkt, der wird wahrlich sein Herz darauf richten, ihm zu dienen. Er wird Gottes Gebote
Ps. 1, 2 einhalten, sich damit Tag und Nacht befassen und seine Freude daran haben und wird beten und das
Ps. 119, 119 Zeugnis für seinen Gott gern ablegen. Er wird das nicht fürchten, was ihm deswegen geschehen kann,

und sich durch nichts daran hindern oder abhalten lassen. Denn es steht geschrieben: „Was kann uns trennen von der Liebe Gottes, Trübsal oder Tod, Hunger oder Durst, Hitze oder Frost, Feuer, Wasser oder Schwert? Wir werden getötet den ganzen Tag und werden wie Schlachtschafe gerechnet, aber in all dem siegen wir seinetwegen, der uns geliebt hat." Es wird aber so ein Mensch sein Zeugnis des Herrn behüten, unbeirrbar, und den Willen Gottes einhalten gegen seinen eigenen Willen, den er mit Christus absterben lassen wird und ganz und gar würgen und töten, damit sein ganzer Wille erneuert und geändert werde und er eine neue Schöpfung in Christus Jesus werde. Desto wird er Christus anziehe, und sich Gott völlig hingeben. Wie er sich zuvor in den Gehorsam der Sünde begeben hat, ihr zu dienen, und von einer Sünde zur anderen gekommen ist, so wird er sich also jetzt nach dieser Erkenntnis Gott ergeben und Gott seine Glieder zu Waffen der Gerechtigkeit zur Verfügung stellen, damit sie heilig werden. Von nun an lebe nicht mehr er, sondern Christus in ihm, der in ihm alles vollende, was vor Gott gefällig ist, damit Gott gepriesen werde mit aufrichtigem Herzen. Denn das ist der rechte Lobpreis Gottes, sein Zeugnis zu bewahren und seinen Namen von ganzem Herzen zu lieben.

Rom. 8, 36 ff.

[8]

Eph. 4, 23
Rom. 6, 19 ff.

Rom. 6, 13
Rom. 6, 19
Gal. 2, 20

LASST UNS GOTT LIEBEN

Joh. 4, 9ff.   Lasst uns Gott lieben! Er hat uns zuerst geliebt und seinen Sohn in diese Welt gesandt, durch den er uns geheiligt und geweiht hat zu einem königlichen Priestertum, um geistliche Opfer *1 Pet. 2, 5* darzubieten, die ihm wohlgefällig sind, durch Jesus *1 Joh. 5, 3* Christus. „Darin aber besteht die Liebe Gottes, dass wir seine Gebote halten, und seine Gebote sind *1 Joh. 2, 4ff.* nicht schwer; derjenige aber, der spricht, er habe *1 Joh. 4, 16* Gott lieb, und seine Gebote nicht hält, der ist ein *1 Joh. 3, 24* Lügner, und in so einem ist keine Wahrheit. Denn wer Gott liebt, der bleibt in Gott und Gott in ihm. Daran aber erkennen wir, dass wir in Gott bleiben und er in uns, dass wir seine Gebote halten."

    Das Wichtigste aber unter allen Geboten *Dtn 6, 4ff.* Gottes ist dieses: „Höre, Israel, Gott, der Herr, dein Gott, ist der einzige, dem sollst du anhängen und ihm dienen und ihn lieben von ganzem Herzen, von ganzem Gemüt, von ganzer Seele und nach allen deinen Kräften." Gott zu lieben also ist die Vollendung aller seiner Gebote; denn Gott aus allen Kräften zu lieben bedeutet, dass ich ihm mit allen meinen Werken ehre und preise. Also, dass ich bei allem, was ich tun und anfangen will, zuvor überlege, ob auch Gottes Preis darin gesucht und vermehrt wird. Wenn ich nun das Werk ansehe und finde, dass er dadurch gepriesen wird, so soll ich es fröhlich vollenden, ohne darauf zu achten, welche Folgen das für mich haben könnte, um der Liebe Gottes willen. Wenn das aber nicht der Fall ist und ich den Preis Gottes darin nicht finden kann, ist es ein unnützes Werk. Dann soll ich es bleiben lassen, damit der Name Gottes nicht entheiligt werde in meinem Werk, ohne darauf zu sehen, wer mich deswegen anfeindet, damit mein Werk, Tun und Lassen in Gott geschehe. *1 Kor. 10, 31* *Kol. 3, 17*

Gott aber lieben von ganzer Seele heißt, dass ich alle meine Worte, die ich rede und herauslassen will aus meinem Mund, genau überlege. Sie sollen zum Preis Gottes und zur Erbauung und Besserung des Nächsten dienen, wie Paulus lehrt. Worte, die nützlich zu hören sind, die notwendig sind und den Leib Christi verbessern, die dem Glauben gemäß sind und den Gottessohn bekennen und bezeugen, die soll man reden und nicht darauf achten, wer *Mt. 22, 37* *[9]* *Eph. 4, 29* *1 Kor. 14, 5, 12* *1 Pet. 4, 10 ff.*

dagegen murrt, wie geschrieben steht: „Ich habe geglaubt, darum rede ich." Denn jede Rede, die aus dem Glauben kommt, bewirkt Besserung und ist Gottes Geist und Preis; wenn ich aber die Worte überlegt habe und in ihnen weder Gottes Preis noch die Besserung des Nächsten finde, soll ich sie bleiben lassen und, wie Jakobus lehrt, die Zunge im Zaum halten und schweigen, damit ich nicht mit meinen Worten den heiligen Geist Gottes betrübe. Bei vielen Worten fehlt es nicht an der Lüge, die eine Feindschaft Gottes ist und nicht aus der Wahrheit kommen kann. Darum lehrt uns der Heilige Geist und spricht: „Gewöhne deinen Mund nicht an unzüchtige Worte, denn daraus entstehen sündige Gedanken."

2 Kor. 4, 13

Jak. 1, 26

Spr. 10, 19

Pred. 23, 7

Mt. 22, 37

Gott aber lieben von ganzem Herzen und Gemüt heißt, dass ich Gott in allen meinen Gedanken preise und den sündigen Gedanken, die im Fleisch aufkommen, keine Möglichkeit gebe, ihnen zu gehorchen, sondern mit allen Kräften gegen sie ankämpfe, durch Gottes Gnade mich zu dem Gnadenstuhl wende und ich um Hilfe und Errettung schreie: „Ach, Herr, erlöse mich von dem Leib dieses Todes, damit der Feind nicht die Oberhand gewinne; eile mir zu helfen!" So wird dann gefochten gegen den Teufel und all seine

Rom. 7, 24
Ps. 40, 14
Ps. 70, 2

Bosheit. Das ist der rechte Kampf, den Gott von uns haben will, in den er uns gestellt hat; jeder, der redlich kämpft, wird die Krone empfangen. *2 Tim. 4, 7–8*

Ein solcher Mensch aber, der Gott von ganzem Herzen, Gemüt, Seele und Kraft liebt, der möchte lieber tot sein und wünscht eher zu sterben, als eine kleine Zeit in einem unnützen oder eitlen Gedanken verharren. Er wird schweigen, damit er nicht Worte und Werke verbringen kann, durch die der werte Name Gottes entheiligt würde. *Mt. 22, 37*

Eine solche Liebe ziemt es sich für uns, unseren Gott und Christus zu schenken, die Gott nicht allein aus dem Mund, sondern mit aller Kraft entgegen gebracht wird, weil er uns zuvor in seinem Sohn so sehr geliebt und eine so große Wohltat erwiesen hat. Denn nicht jeder, der da spricht: „Ich habe Gott lieb!" (wie es auch alle Welt spricht) der liebt deswegen Gott, sondern der, der es in der Kraft beweist, wie geschrieben steht: „Der ist es, der mich liebt, der meine Worte hält und in meinen Rechten wandelt; und eine solche Liebe, die tut Gottes Werke und macht den Mensch im Glauben lebendig." Wer so liebt, der ist von Gott geboren. *[10]* *Joh. 14, 23* *1 Joh. 4, 7*

LASST UNS
EINANDER LIEBEN

Joh. 4, 21   Wer nun den liebt, der ihn geboren hat, der soll auch den lieben, der von ihm geboren ist. Das heißt, wer Gott liebt, der soll auch seinen
1 Joh. 4, 20   Bruder lieben. Denn wer da spricht, er hat Gott lieb und liebt seinen Bruder nicht, der ist ein Lügner, denn wie kann er Gott lieben, den er nicht sieht, wenn er seinen Bruder nicht liebt, den er sieht? Darum soll der Mensch Gottes auch von
Rom. 12, 10   brüderlicher Liebe umgeben sein, wie geschrieben steht: „Seid in brüderlicher Liebe zueinander freundlich und es diene einer dem anderen; das ist ein Gebot, das uns Christus gegeben hat." Zuletzt als er die Welt wieder verlassen wollte,
Joh. 13, 34   um zum Vater zu gehen, sprach er zu seinen Jüngern: „Ein neues Gebot gebe ich euch, dass ihr euch untereinander liebt." Darin aber besteht die

brüderliche Liebe, dass wir das Leben füreinander lassen, gleich wie es Christus für uns alle gelassen hat, damit wir einander ein Vorbild sind, dass wir seinen Fußstapfen nachfolgen sollen. Darum soll ich nun nicht für mich allein, sondern im Dienst für meine Brüder leben—nicht mein Gedeihen und meine Besserung, sondern ihres suchen mit meinem ganzen Leben, so, dass ich wahrnehme und darauf achte, dass mein Bruder nicht durch meine Werke oder Worte betrübt oder schwach werde. Denn mit dem Wort, mit dem ich meinen Bruder betrübe, habe ich es an der Liebe fehlen lassen. Wer aber nicht in der Liebe zu seinem Bruder lebt, der ist noch in Tod und Finsternis. Johannes schreibt: „Denn wer seinen Bruder nicht liebt, der ist ein Totschläger." Wir wissen, das kein Totschläger das ewige Leben in sich bleibend hat. Wer aber seinen Bruder liebt, der dringt durch den Tod hindurch zum Leben, denn er liebt die Brüder. Darum lasset uns jedermann lieben—nicht mit Worten oder mit der Zunge, sondern mit der Tat und in der Wahrheit. Denn wenn jemand die Güter dieser Welt hat und seinen Bruder Mangel leiden sieht und nicht mit ihm teilt, was ihm nötig ist, wie kann Gottes Liebe in dem bleiben? Sondern er hat vielmehr die Liebe Kains in sich, der seinen Bruder ermordet hat, weil

1 Pet. 2, 21

Rom. 14, 15, 21

1 Joh. 3, 14

1 Joh. 3, 15

1 Joh. 3, 14

1 Joh. 4, 21

[11]

seine eigenen Werke böse und seines Bruders gerecht waren.

So hat auch Christus, unser Meister, sich uns ganz und gar geschenkt und hingegeben mit allem was er hat, und hat nichts für sich zurückgehalten, wie er selbst spricht: „Alles, was ich von meinem Vater empfangen habe, das habe ich euch gegeben." Er ist unser Eigen geworden mit allen seinen Gütern und wir sind sein Eigen geworden, so dass er in uns und wir in ihm wohnen und leben. So sollen wir auch zu unseren Brüdern sein und nichts für uns zurückhalten, oder ihnen entziehen, sondern ihnen Liebe und Leben und alles was uns gehört von Herzen schenken, damit wir alle eins und unzerteilt in einem Leib sind, von dem Christus Jesus das Haupt ist. Denn wer in solcher Liebe bleibt, der bleibt in Christus und Christus in ihm; und wer in Christus bleibt, der wird viel Frucht bringen zum ewigen Leben. „Wer aber nicht in mir bleibt," spricht der Herr: „der wird hingeworfen, damit er ausgedörrt und der Verbrennung zuteil werde, was das Ende und der Lohn der heuchlerischen und erdichteten Liebe ist, von der die Welt voll ist."

Darum soll die brüderliche Liebe aus lauterem, reinem und ganzem Herzen kommen und nicht

Joh. 17, 7 ff.

Joh. 17, 21

Eph. 4, 15
Kol. 1, 18
Joh. 15, 8–9

Joh. 15, 6

1 Pet. 1, 22

Jer. 17, 10

gefärbt sein, um in der Wahrheit zu bestehen und zu bleiben. Denn Gott, der Herr, kennt das Verborgene *Jer. 20, 12* des Menschen, weil er Herzen und Nieren erforscht. Darum gilt vor ihm kein äußerlicher Schein und auch kein Blenden—mag es auch noch so schön sein. Denn Gott lässt sich nicht betrügen, der ein wahrhaftiges und erneuertes Herz haben will, wie geschrieben *Ps. 51, 17* steht: „Ein zerbrochenes und zerschlagenes Herz wirst du nicht verachten." Das heißt, dass Gott im Geist, Herzen und im Gewissen gepriesen werden will. Weil er ein Geist ist, fragt er nicht nach dem äußeren Glanz, der nicht im Herzen begründet, *Jes. 1, 13–14* sondern ein Gräuel vor ihm ist—dieser mag er auch *Phil. 4, 18* noch so schön und gut sein. Wo er aber aus dem Herzen im Glauben kommt und sich in Werken verwirklicht, da ist es behaglich und angenehm und ein süßer Geruch seiner Herrlichkeit. *Mt. 22, 39 ff.*

Du sollst deinen Nächsten lieben wie dich selbst. Das ist das zweite Gebot und gleicht dem ersten. An diesen zwei Geboten hängen das Gesetz und *Lev. 19, 18* die Propheten. Ja, eben die Gesetze sowie, „Du sollst nicht töten, du sollst nicht stehlen, du sollst nicht falsches Zeugnis ablegen, du sollst nicht Unzucht treiben und auch nicht ehebrechen, nicht nachreden, nicht begehren," und die anderen Gebote, wie viele *Rom. 13, 8 ff.* ihrer auch sind, sie alle werden in einem Wort erfüllt:

[12] „Liebe deinen Nächsten wie dich selbst!" Darin aber besteht die Nächstenliebe, wie uns Christus selbst lehrt und spricht: „Was ihr wollt, das euch die Menschen tun sollen, das tut ihnen zuvor— so werdet ihr das Gesetz Gottes erfüllen!" Nun gibt es ja unter allen Menschen niemanden, der begehren würde, dass ihm etwas Böses widerfahren solle, sondern dass ihm nur Gutes erwiesen werde von allen Menschen. Daraus folgt, dass wir zuerst einmal allen Menschen Liebe, Treue und alles Gute erweisen sollen mit Gehorsam in allem, worum sie uns bitten. So wird sie, die Liebe, nichts begehren, was gegen den Preis Gottes wäre, und uns auf diese Weise allen Menschen willig dienstbar machen um Christi willen, damit sein Name gepriesen werde durch uns auch unter den Heiden, die, wenn sie unsere Dienstbarkeit sehen, nichts zum Lästern haben. Solch eine Liebe aber kommt und fließt aus der brüderlichen Liebe, wie uns Petrus zeigt, der da spricht: „So erweist aus eurem Glauben Tugend, aus der Tugend Bescheidenheit, aus der Bescheidenheit Gottseligkeit, aus der Gottseligkeit brüderliche Liebe, aus der brüderlichen allgemeine Liebe. Wenn diese in euch ist, wird sie euch nicht faul machen oder unfruchtbar sein lassen in der Erkenntnis Gottes und Christi." Darum ist jeder Mensch, der

Mt. 7, 12

Mt. 5, 16

1 Thess. 1, 12
1 Pet. 2, 12
1 Pet. 3, 16
1 Pet. 4, 11

2 Pet. 1, 5–8

aus Gott geboren ist, zugeneigt, lieb und treu und erweist seinem Nächsten von Herzen alles Gute, ohne Verdruss und ohne Ende.

Du wirst jetzt fragen: „Wer ist mein Nächster?" Das lehrt dich Christus schon im Evangelium, wenn er spricht: *Lk. 10, 30 ff.*

> Es ging ein Mensch von Jerusalem nach Jericho und fiel unter die Räuber, die ihn schlugen und verwundet halbtot liegen ließen. Es begab sich aber, dass auch ein Priester denselben Weg reiste, und als er ihn sah, ging er vorüber, ebenso auch ein Levit. Es zog aber auch ein Samariter denselben Weg, und als er ihn sah, wurde er von Barmherzigkeit bewegt, ging hin und goss Wein und Öl in seine Wunden und nahm ihn mit in seine Herberge und pflegte ihn. Bevor er am Morgen aber weiterreiste, zog er einen Pfennig aus seiner Tasche und gab ihn dem Wirt und sprach: „Pflege ihn; was dir davon noch abgeht, das will ich bezahlen, wenn ich wiederkomme." Wer von diesen ist nun der Nächste des Verwundeten? Das Urteil steht fest, dass es der sei, der ihm Barmherzigkeit hat widerfahren lassen.

Daraus folgt und ist zu erkennen, dass wir alle einer des Anderen Nächsten sind—der, der Hilfe des Anderen bedarf, und auch der, der den Anderen Hilfe erweist. Davon gibt es keine Ausnahme.

Wer aber dieses Ziel vollkommen erreichen will, der soll auch alle seine Hasser und Verächter lieben, wie uns Christus lehrt: „Den Alten ist gesagt worden, ‚Du sollst deine Freunde lieben und deine Feinde hassen.' Ich aber sage euch, liebt eure Feinde, tut Gutes denen, die euch hassen, segnet die, die euch verfluchen, betet für die, die euch beleidigen, damit ihr Kinder eures Vaters im Himmel seid, der seine Sonne über die Frommen und die Bösen aufgehen und es über die Gerechten und Ungerechten regnen lässt." Denn das ist die Art Gottes, dass er durch Langmut die Sünder zur Umkehr ruft. Darum sollen auch seine Kinder, die von seinem Geist empfangen haben, in denselben Fußstapfen des Geistes Gottes wandeln und Nachfolger Gottes sein, wie Paulus lehrt, da er spricht: „So seid nun Gottes Nachfolger wie die lieben Kinder." Ihr sollt durch solche Geduld und Vergeltung des Bösen mit Gutem eure Feinde und Widersacher zur Frömmigkeit führen, wie denn geschrieben steht: „Hungert dein Feind, so speise ihn, dürstet ihn, so gib ihm zu trinken; wenn du das tust, dann wirst du glühende Kohlen auf seinem

Haupt sammeln." Es könnte aber geschehen, dass er durch eine solche Wohltat zum Nachdenken gebracht wird und in sich selbst geht, indem er denkt: „Ich tue diesem Menschen alles Übel an und erweise ihm alle Bosheiten, er aber bezahlt mich mit Gutem, jedem Dienst und aller Freundschaft. Ach, was tue ich! Ich will mich auch ändern und seine Art annehmen, das Böse verlassen und dem Guten nachjagen, denn was für einen Nutzen habe ich davon, wenn ich in der Bosheit lebe gegen den Willen Gottes?"

Wenn das also geschieht—dass ein Mensch durch deinen Anreiz zu einem guten Gewissen gelangt—so hast du einer Seele vom Tod zum Leben verholfen, was von Gott sicher belohnt werden wird. Wenn das aber nicht geschieht und er doch sieht, dass du ihm Böses mit Gutem vergiltst, so wird er zu sich selbst sagen, obwohl er es nicht zeigt: „Dieser Mensch nimmt alles so geduldig an, was ich ihm aus Bosheit antue, und ist mir darüber hinaus so willig, Gutes zu tun; er ist wohl gerechter als ich." Es wird ihm deine Wohltat ein Beweis sein und den Zorn Gottes über ihn am Tag des Gerichtes noch vergrößern, wenn er sich nicht bessert und zur Buße geht, nachdem er das erkannt hat. Das ist nun die Liebe, die ein Band der Vollkommenheit ist. Wen sie

Jak. 5, 20

Rom. 2, 4–5

Kol. 3, 14

ergreift, der ist Gott gefällig und von dem Menschen geschätzt, wohnt, lebt und bleibt in Gott und Gott in ihm, und alle seine Werke und sein Leben werden in Gott beendet werden; denn die Klarheit Gottes hat ihn erleuchtet und umgeben, damit er im Licht göttlicher Gnade wandle, und es wird ihn auch keine Finsternis mehr umgeben. Denn der helle Schein und das große Licht hat sein Herz erleuchtet und er wird bewahrt durch den heiligen Geist und geführt mit sicherem Gewissen bis zur Ruhe der Heiligen. Wer das aber nicht hat, der ist blind, tappt zur Wand hin und weiß nicht, wann er fallen wird, denn die Hölle ist ihm nahe.

[14]
Jes. 59, 10

WAS IST DIE LIEBE?

Da nun schon so viel von der Liebe gesagt worden ist, damit sie auch richtig verstanden wird, will ich jetzt ihre Eigenart aufzeigen, damit niemand glaube, er habe die Liebe in sich, obwohl er doch nur den Anschein hat. Die Liebe aber hat die Eigenart, dass sie sich nicht verstecken kann: da sie ein Licht ist, muss sie scheinen und sich zeigen in Werken und ihre Aufgabe an allen Menschen erfüllen, ihnen zu dienen und Wohltaten zu erweisen. Denn die Liebe tut jedem Gutes, sie ist dienstbar, freundlich, sanft, mild, nachgiebig, demütig, keusch, mäßig, bescheiden, mitleidsvoll, brüderlich, herzlich, gut, barmherzig, entgegenkommend, niedrig, geduldig, treu und friedlich. Die Liebe ist nicht zurückstoßend, nicht stolz, nicht aufgeblasen, nicht hochnäsig, nicht neidisch, nicht trunksüchtig nicht eigensüchtig, nicht ungehorsam, nicht lügnerisch,

1 Kor. 13, 4 ff.

nicht streitsüchtig, nicht diebisch, sie redet nicht schlecht über niemanden, sie ereifert sich nicht, sie zürnt nicht, sie ist nicht hämisch, sie verachtet niemanden, sie verzeiht alles, sie leiht alles her, sie ist nicht rachgierig, sie vergilt nicht Böses mit Bösem, sie freut sich nicht über Ungerechtigkeit, sie freut sich aber über die Wahrheit. Die Liebe allein tut Gottes Werke.

Am meisten aber gleicht die Liebe dem Feuer, das, noch ehe es recht zu brennen beginnt, bald erstickt, wenn man zuviel Holz darauf legt, wie die wissen, die damit zu tun haben. Wenn es aber richtig zu brennen begonnen hat, brennt es umso stärker, je mehr Holz man darauf legt, bis es sogar Häuser, Städte und ganze Wälder verbrennt. Wenn es aber kein Holz mehr hat, dann erlischt es auch wieder und erkaltet. So ist es auch mit der Liebe, wenn sie im Menschen erst einmal entzündet wird, dann aber schon durch geringe Trübsal erstickt und verhindert wird; wenn sie aber richtig zu brennen anfängt im Menschen und im Menschen das Interesse an Gott geweckt hat, wird sie mit umso mehr Versuchung und Trübsal zusammenstoßen, je mehr sie brennt, bis sie auch alle Ungerechtigkeit verzehrt und überwunden hat. Wenn sie aber nicht mehr geübt wird, und der Mensch darin nachlässig wird, dann

erlischt sie auch wieder und es erkaltet das Herz des
Menschen und der Glaube nimmt ab und alle guten *Mt. 7, 19*
Werke hören auf und der Mensch steht dann da wie
ein dürrer Baum, der für die Verbrennung bestimmt
ist, wie Christus selbst sagt. Solche Liebe aber fließt
und kommt aus dem Glauben; denn wo kein Glaube
ist, da kann auch keine Liebe sein; denn diese zwei
sind ineinander verflochten, sodass eines ohne das
andere nicht sein und auch Gott nicht gefallen kann.

WAS IST DER GLAUBE?

[15]

Hebr. 11, 1

Der Glaube aber ist eine feste Zuversicht dessen, was zu erhoffen ist; eine klare Offenbarung und ein gewisses Ergreifen von Dingen, die man nicht sieht. Er überwindet die Welt, den Teufel und das Fleisch, leitet und führt uns geradewegs zu Gott. Der Glaube ist eine Absicherung der Hoffnung und reinigt das Herz damit ein Mensch ganz rein, heilig und gottselig werde. Der Glaube ist

Rom. 3, 24 aber auch Rechtfertigung, denn durch den Glauben an Christus werden wir fromm und gerecht vor Gott, ohne es verdient zu haben; und nun ist der Glaube eine Kraft, der alle Dinge möglich sind und nichts unmöglich ist, wie Christus selbst bezeugt

Mt. 17, 20 und spricht: „Wenn ihr Glauben habt wie ein Senfkorn, werdet ihr zu diesem Berg sagen, ‚Heb dich weg von hier und versetz dich ins Meer!' Und

Mt. 8, 13 es wird geschehen." Und ein anderes Mal: „Wenn

du glaubst, dann wird es gut möglich sein." So ist auch der Glaube eine Versicherung der Gewissheit, damit sie fest bestehe und vertraue auf die Zusage Gottes, und ist auch eine Bekräftigung der Bitte, dass Gott das Gebet des Gläubigen nicht verachten soll, sondern sein Gebet erfüllen muss, weil es aus dem Glauben kommt, wie Johannes sagt: „Wir sind zuversichtlich, dass uns die Bitte erfüllt wird, die wir an ihn gerichtet haben." *Mt. 15, 28*

1 Joh. 5, 14

Nun ist der Glaube, wie Paulus lehrt, eine Kraft, die Gerechtigkeit bewirkt und jeden Willen Gottes mit Leichtigkeit vollbringt. Der Mensch aber, der spricht, er könne Gottes Willen nicht ausführen, der bezeugt, dass er nicht gläubig, sondern ungläubig ist. Denn dem Gläubigen sind alle Dinge möglich und es ist ihm leicht, in den Fußstapfen Christi zu wandeln, wie er selbst spricht: „Meine Bürde ist leicht und mein Joch ist sanft." Wer das nicht glaubt, der betrachtet ihn als Lügner und wirft ihm vor, dass er im Sinn hat, eine unerträgliche Bürde auf uns zu laden. Doch so leicht wie er nur konnte, hat er sie uns gemacht. Denn er selbst hat die schwere Last getragen und hingenommen, die wir weder tragen noch bewegen konnten, und er hat uns alle Beschwerung des Gesetzes aller Gebote in ein Gebot gestellt, nämlich die Liebe, damit wir *Rom. 1, 16 ff.*

Mk. 9, 23

Mt. 11, 30

sie umso leichter erfassen und das Ziel erreichen können.

Wer das glaubt, der bestätigt und bezeugt, dass Gott wahrhaftig ist in allen seinen Versprechungen. Darum wird er in seinem Glauben leben. Es ist aber unmöglich zu glauben, bevor Gott und die Macht seiner Stärke, sowie seiner Liebe und Treue in uns erkannt wird, wie Paulus schreibt: „Wie können sie glauben, bevor sie hören?" Darum sendet Gott seinen eigenen Sohn in die Welt, der es uns verkündet hat, der den Namen Gottes unseres Vaters kundgetan hat, damit wir glauben und Hoffnung auf Gott haben können, wie geschrieben steht: „Ich will verkünden deinen Namen meinen Brüdern und dir mitten in der großen Gemeinde lobsingen." Und noch einmal: „Ich habe deinen Namen den Menschenkindern kundgetan." Und Johannes spricht: „Niemand hat Gott je gesehen; der eingeborene Sohn, der vom Vater ist, der hat es uns verkündet." „Wir haben es geglaubt und bezeugen, dass Gott ein Licht ist und wir wissen, dass unser Zeugnis wahr ist." So klar aber hat er den ganzen Willen Gottes eröffnet, dass überhaupt nichts übrig geblieben ist, das er uns nicht verkündet hätte. Das nicht mit Worten allein, sondern in der Tat und in der Kraft der Werke ist er uns vorausgegangen und

Hab. 2, 4
Rom. 1, 17

Rom. 10, 14
[16]

Ps. 35, 18

Joh. 1, 18

1 Joh. 1, 5

hat uns den Weg zum Leben gezeigt, damit wir ihm nachfolgen. Denn seinem Vater hat er gehorcht bis zum Tod am Kreuz, den er für unsere Sünden erlitten hat. Darum hat ihn der Herr auch wieder auferweckt und erhöht über alle Könige der Welt und hat ihm einen Namen gegeben, der über allen Namen ist, dass in dem Namen Jesu sich die Knie alle beugen, die im Himmel, auf Erden und unter der Erde sind. Alle Zungen sollen bekennen, dass er von Gott eingesetzt ist als Herr aller Herren und König aller Könige, dessen Reich ewig währt und kein Ende hat, wie geschrieben steht: „Ich habe meinen König eingesetzt auf meinem heiligen Berg Zion." Der Berg Zion aber ist die Gemeinde der Gläubigen, versammelt durch den heiligen Geist, erbaut und zusammengefasst in der Liebe durch Einigkeit des Glaubens, die durch das Blut Christi Gott zu einem heiligen Haus geweiht ist. Darum ist auch Christus, nachdem er auferstanden war und bevor er in den Himmel auffuhr, seinen Jüngern erschienen und hat ihnen kundgetan, dass sie für das Volk Zeugen sein sollten all dessen, was sie gesehen und gehört hatten, und sprach: „Gehet hin in alle Welt und predigt das Evangelium allen Menschen! Wer glaubt und sich taufen lässt, wird selig werden; wer nicht glaubt, wird verdammt werden."

Phil. 2, 8

Phill. 2, 9 ff.

1 Tim. 6, 15

Psalm 2, 6

Mt. 28, 19

Mk. 16, 16

Auch hier hält und setzt Christus die Art und Weise seines Vaters fort, der bei der Erschaffung alles nach rechter Ordnung bewerkstelligt und die Reihenfolge der Dinge nicht durcheinander brachte, sondern zuerst die Erde schuf, danach das Gras, das aus der Erde kam, das dem Vieh zur Speise dienen sollte, damit es, wenn es gemacht wurde, seine Nahrung hatte und nicht Mangel leiden sollte, das Vieh aber zur Speise dem Menschen, welches

[17] er auch vorher erschaffen hat, ehe der Mensch
Gen 1, 31 erschaffen wurde, damit ein jedes Geschöpf zuvor das habe, was es zum Leben braucht noch bevor es selbst war. So weise handelt Gott in seinen Werken, damit alles in rechter Ordnung bestehe. So hat auch Christus, als er den Menschenkindern seine Wohltat verkünden lassen wollte, das in eine rechte Ordnung gestellt und zuerst sandte er sie aus, indem er sprach:

Mk. 16, 16 „Geht hinaus in die ganze Welt, zu predigen das Evangelium!" Deshalb gingen sie nicht aus ihrem eigenen Willen heraus. Ihr Amt wurde erst durch ihre Sendung wirksam und blieb nicht unfruchtbar so wie auch Paulus schreibt:

Rom. 10, 55 ff. Wie können sie hören ohne Prediger, wie können sie predigen, ohne gesandt zu sein? Und doch haben sie es nicht gehört. Ihr Ruf und ihr Wort sind hinausgegangen bis an das Ende der Erde. So kommt nun der

Glaube vom Hören, das Hören durch die Predigt, die Predigt aber durch das Wort Gottes.

VERKÜNDIGUNG DES WORTES GOTTES

Darum wird nun auch die Stimme derer, die von Gott so gelehrt, erzogen und gesandt wurde, von den gläubigen Menschen oder Herzen gehört. Denn er redet nicht sein, sondern Gottes Wort. Darum hören sie ihn nicht nur mit den äußeren Ohren gern, sondern auch mit dem Herzen und folgen seinen Worten, wie Christus spricht: „Meine Schafe hören meine Stimme, die Stimme eines Fremden aber hören sie nicht, ich gehe vor ihnen hin und sie folgen mir nach; denn ich kenne die Meinen und die Meinen kennen mich." Daraus kann man erkennen, dass bisher viele, ja alle, ohne die Sendung Gottes gegangen und nicht Hirten der Schafe gewesen sind, sondern Lohnknechte, die mehr ihren eignen Nutzen gesucht haben als den der Schafe. Da sich nun gar keine Besserung aus ihren Predigten

Joh. 10, 3
Joh. 10, 5
Joh. 10, 4
Joh. 10, 14

ergeben hat, haben sie nicht Gottes Wort, sondern ihr eigenes, erdichtetes Wort verkündet (obwohl sie das als göttliches Wort hingestellt und ihr falsches Wort damit gedeckt haben). Darum auch haben die Schafe auf sie nicht gehört. Denn wenn Gottes Wort rein und lauter ausgeht, wird es nicht leer zurückkehren, bis dass es alles ausgerichtet hat, was ihm befohlen ist, sagt der Herr. Als daher Christus seinen Schafen Hirten senden wollte, die sie treu weiden sollten, sprach er zu ihnen: „Gehet hin in alle Welt, predigt und verkündet das Evangelium!" Das ist die gute Botschaft von mir, was ich ihnen Gutes getan und erwiesen habe, und dass sie durch meinen Tod selig werden, wovon drei Kapitel weiter oben viel gesagt wurde.

Jes. 55, 11

Mk. 16, 15

WAS WIR VON DER TAUFE HALTEN

Mt. 10, 13
Kol. 3, 5
1 Pet. 4, 13

2 Tim. 1, 8
[18]
Rom. 6, 3

Gal. 3, 27
2 Kor. 5, 15

„Wer es glaubt, das heißt, wer euer Wort annimmt, über den wird euer Friede kommen, den ihr ihm verkündet und der ihm von mir geschenkt wird; und wer getauft wird, gibt sich eurem Wort hin und wird meines Todes und Leidens durch Absterben und Tötung des Fleisches teilhaftig." Das geschieht in der Taufe, wie Paulus sagt: „Alle von uns, die getauft sind, sind in seinem Tod getauft." Und an einer anderen Stelle, „Alle von uns, die getauft sind, haben Christus angezogen." Ja, sie haben sich verändert und sind eine neue Kreatur in Christus geworden, damit sie in der Zukunft nicht mehr für sich selbst, sondern für Gott leben durch Jesus Christus.

Mt. 10, 13ff

Wer solches tut, wird selig werden, wer aber nicht glaubt, das heißt: wer euer Wort und das Zeugnis, das ihr ihm von mir verkündet, nicht annimmt und sich dessen selbst unwürdig macht, bei dem wird euer Friede nicht bleiben, sondern wieder über euch kommen. Von diesen geht heraus und schüttelt den Staub von euren Füßen als Zeugnis über sie. Wahrlich, ich sage euch, es wird Sodom und Gomorra besser ergehen beim Jüngsten Gericht als solchen Menschen, denn sie sind verdammt.

Das ist nun die Meinung Christi in seinem Befehl, wie in der Schrift ausreichend begründet ist. Darin kann jedes fromme Herz wohl erkennen, was es nach Christi Befehl zu tun hat. Damit das Wissen aber noch gut abgesichert werde, will ich noch einen Spruch anführen und die anderen (von denen es noch viele gibt) der Kürze wegen unterlassen. Petrus spricht: „Es ist gleich wie zu den Zeiten Noahs, als man die Arche erbaute, in der nur wenige Seelen, nämlich acht, im Wasser durch Gottes Wort erhalten wurden, deren Gegenbild euch jetzt selig macht in der Taufe, die dadurch versinnbildlicht wird, aber nicht ein Abwaschen von Schmutz am Fleisch, sondern ein Bund eines guten Gewissens mit Gott." Das heißt, dass ich

1 Pet. 3, 20 ff.

erkenne, dass ich einen gnädigen Gott habe, der mir die Sünden vergeben hat und mich wie sein Kind in die Gemeinde seiner Heiligen aufgenommen und sich mir zum Vater gegeben hat. Dazu verpflichte ich mich ihm gegenüber, in Zukunft nach seinem Willen zu leben, diesen nicht mehr zu übergehen wie früher, und dass mein Herz fest werde in der Hoffnung auf seine Gnade und der Zusage Gottes fest vertraut; das ist der Bund, der bei der Taufe geschlossen wird, den das Kind nicht machen kann, weil es noch nicht weiß, was gut und böse ist. Darum ist die Kindertaufe keine Taufe, sondern nur eine unnütze Waschung. Denn das ist noch keine Taufe, wenn sie nur äußerlich geschieht, sondern erst, wenn sie in Herz und Gewissen geschieht zur Erneuerung des Menschen und darüber hinaus auch die äußerliche empfangen soll, wodurch ich in das Buch des Lebens geschrieben und dem Leib Christi und seiner heiligen Kirche einverleibt werde, die die Gemeinschaft der Heiligen ist.

1 Pet. 3, 21

Phil. 4, 3

1 Pet. 3, 21

Weil aber Petrus sagt, dass die Arche ein Symbol der Taufe sei, will ich ein wenig davon sprechen, was sie uns lehrt. Gott befahl Noah, sie für die Sintflut zu bauen und sprach: „Bau dir eine Arche, in der du und dein Haus erhalten werden sollt, denn ich will die Welt verdammen oder vertilgen; er gab ihm

[19]

Gen 6, 13 ff.

aber auch die ganze Gestalt und Form an, Größe und Höhe, Länge und Breite, wie er sie machen sollte, und gab ihm dazu genug Zeit, nämlich 120 Jahre, um sie zu bauen. Noah gehorchte Gott und änderte seine Anordnungen nicht, sondern genauso wie es ihm Gott befohlen hatte, so baute er die Arche im festen Glauben. Darum wurde er auch darin gerettet mit seinem ganzen Haus—wie es ihm Gott versprochen hatte. Wenn er aber auf die Stimme Gottes nicht gehört und nach seinem eigenen Gutdünken die Arche anders gemacht hätte und nicht nach den Angaben Gottes, so hätte sie ihm nichts genützt und wäre genauso wie die anderen verdorben. So hat uns Christus auch die Taufe befohlen und die rechte Taufe und den richtigen Brauch angegeben, wie er gepflegt werden soll. Der Mensch nun, der auf seine Stimme hört, die Taufe empfängt nach seinem Befehl im festen Glauben an seine Zusage, der wird darin bewahrt bis zur Seligkeit; wer aber auf die Stimme Christi nicht hört, die Taufe unterlässt oder anders empfängt als Christus befohlen hat, wird zusammen mit den Ungläubigen umkommen; denn Gott will, dass man seinem Befehl genau nachkommt und diesen nicht verändert wie er zu Moses sprach: „Schau, dass du es genauso machst nach dem Bild, das ich dir

Gen 8, 1 ff.

1 Pet. 1, 5

Ex 25, 40
Ex 26, 30

auf dem Berg gezeigt habe." Die aber vom Anfang der Welt an ungehorsam gewesen sind und Gottes Befehl abgeändert haben—mag es auch in gutem Glauben geschehen sein—die haben alle ihre Strafe dafür bekommen wie bei Saul erkannt wurde und beim Propheten, den Gott von Juda nach Bethel schickte, um weiszusagen. Darum soll sich niemand darauf verlassen, dass er sagen dürfe, man taufe die Kinder in gutem Glauben, denn Gott will, dass seine Meinung bestehen bleibt und nicht die unsere.

IRRTUM DER KINDERTAUFE

Christus spricht: „Jede Pflanzung, die nicht Gott, mein himmlischer Vater gepflanzt hat, muss ausgerissen werden." Nun ist offenbar und klar genug, dass die Kindertaufe nicht von Gott, sondern vom Antichrist und Kind des Verderbens, dem Papst, eingesetzt worden ist, wie klar zu finden ist in den Satzungen der Päpste; obwohl zur Zeit die ganze Welt so stark dafür kämpft und auch ihren Schutz im Wort Gottes zu haben glaubt; die Kindertaufe aber ist, wenn man es recht ansieht, so weit davon entfernt wie Himmel und Erde voneinander entfernt sind. Es hat alle Welt einen einzigen Satz in der Bibel, an dem sie starr festhält, den sie hin und her würgt und über den sie sich freut und meint, damit das Feld die Oberhand zu behalten; wenn man ihn aber gründlich betrachtet, dann schlägt er sie auf das höchste zu Boden. Es ist genau der

Mt. 15, 13

[20]

Satz, dass die Apostel ganze Familien getauft haben, unter denen auch Kinder gewesen sind und getauft worden sind. So finden wir ausdrücklich, welche Familienmitglieder getauft worden sind oder nicht. Als Paulus zu Philippi gefangen lag, da brach, als er in der Nacht betete, plötzlich ein Erdbeben aus, sodass die Türen des Gefängnisses aufgingen und alle Fesseln der Gefangenen abfielen. Wie aber der Gefängnisaufseher aus dem Schlaf erwachte und die Türen des Gefängnisses offen sah, da meinte er, die Gefangenen wären alle entflohen, ergriff er das Schwert und wollte sich selbst erstechen. Paulus aber schrie: „Tu dir nichts an—wir sind alle da!" Er aber forderte eilends ein Licht, sprang zitternd hinein und fragte: „Liebe Herren, was soll ich tun?" Da sprach Paulus zu ihm: „Glaube an den Herrn Jesus!" Er aber nahm sie in sein Haus, wusch ihnen die Striemen ab und setzte sie zu Tisch. Als aber Paulus ihm und seinem ganzen Haus das Wort Gottes gesagt hatte, wurde er gläubig und ließ sich taufen, er und seine ganze Familie. Hier sieht man, welche Hausgenossen getauft worden sind und welche nicht: die nämlich, die die Werke Gottes wahrnahmen und den Worten Paulus glaubten, die wurden getauft. Daraus geht aber nicht hervor, dass Kinder darunter gewesen sind. Deshalb ist ihre ganze Begründung auf Sand

Apg. 16, 23 ff.

gebaut und muss fallen, wie fest man auch meint, dass sie besteht, und wie tiefsinnig die Weisen der Welt auch darüber debattieren mögen. Es hat aber der Herr nicht vergeblich von ihnen gesprochen durch seine Knechte, die Propheten: „Der Herr weiß von den Gedanken der Weisen, dass sie eitel sind." Und an einer anderen Stelle: „Er ergreift die Weisen in ihren Tücken." Nun ist das die Meinung, um die sich der ganze Kampf erhebt, dass sie nicht zuschanden werden und sich nicht erniedrigen wollen vor ihrem Gott und mehr ihre eigene Ehre als die Ehre Gottes suchen. Denn sie meinen durch ihre Weisheit die Weisheit Gottes zu erforschen. Darum hat sie der Herr in Blindheit ihres Herzens gestürzt, sodass sie die Wahrheit zur Lüge und die Lüge zur Wahrheit, das Gerade krumm und das Krumme gerade, das Licht finster und das Finstere licht machen wollen.

Ps. 94, 11

Hiob 5, 13

Jes. 5, 20

Es kann aber jedes fromme und einfältige Herz, das Gott liebt, aus diesem wohl lernen, die Lüge von der Wahrheit zu unterscheiden, was ich sehr kurz mit wenigen Worten gezeigt habe und worüber ich nicht noch mehr zu schreiben brauche, obwohl es noch viel davon gibt, das ganz und gar davon zeugt, was gesucht werden und mit diesem verglichen werden kann. Denn ich habe sie der Kürze wegen

[21]

unterlassen, damit ich nicht durch viele Worte Langeweile erzeuge. Gott aber gebe Gnade allen einfältigen Herzen, führe sie in die Sicherheit seines Wortes, damit sie die verheißene Seligkeit ergreifen mit allen Heiligen durch Jesus Christus, seinen allerliebsten Sohn!

Rom. 15, 5   Der ewige Gott, unser barmherziger Vater, der ein Vater aller Gnaden ist und ein Gott allen Trostes, der tue euch die Augen auf und öffne die Ohren des Verstandes, damit ihr seinen ewigen Willen sehen und erkennen könnt, der geschrieben ist in euren Herzen. Amen.

ICH GLAUBE AN GOTT

Ich glaube an Gott Vater, den Allmächtigen, der Himmel und Erde erschaffen hat. Weil es unserem Gott nicht genug war (zu seiner Ehre und zu seinem Ruhm), dass er allein war, und weil er nicht nur durch das Werk seiner Hände gepriesen werden wollte, wenn er von denselben als Vater, Schöpfer und Verursacher ihres Lebens anerkannt wurde, deshalb erschuf er den Menschen, der ihn anerkennen und ihm gebührendes Lob, Ehre, Preis und Dank als demjenigen zukommen lassen sollte, durch den er sein eigenes Wesen, Leben und seine Auferstehung hat. Weil Gott aber von den Menschen anerkannt werden wollte, war es nötig, dass zuvor etwas wäre, worin seine Kraft und Herrlichkeit ersehen und erkannt werden könne. Deswegen schuf er am Anfang Himmel und Erde; als er dann sprach, "Es werde Himmel und Erde!" *Gen 1, 1ff.*

da geschah es denn auch. Es war aber finster in der Tiefe, darum sprach er: „Es gehe ein Licht aus der Finsternis hervor!" und so geschah es auch, es wurde Abend und es wurde Morgen—der erste Tag. Danach trennte er die Wasser voneinander und stellte manches an das Firmament, manches auf die Erde und unterschied das Harte und das Wasser und nannte das Trockene Erde, das Wasser aber Meer, und es wurde aus Abend und Morgen der zweite Tag. Danach schuf Gott allerlei grünes Laub und Gras, und aus Abend und Morgen wurde der dritte Tag. Er erschuf zwei große Lichter. Das eine, um tagsüber zu leuchten, das er Sonne nannte, das andere, das während der Nacht leuchtet, nannte er Mond. Diesen gab er die Sterne zu Gehilfen. Da wurde aus Abend und Morgen der vierte Tag. Er erschuf allerlei kriechende und vierfüßige Tiere und aus Abend und Morgen wurde der fünfte Tag. Gott hielt aber alles für gut, was er in diesen Tagen gemacht hatte, und sprach: „Alles, was ich gemacht habe, ist gut." Es gab aber in dem allem noch nicht eine Kreatur, die Gott in der Wahrheit erkennen und preisen soll. Darum sprach Gott: „Lasst uns Menschen machen, die nach unserem Bild geformt sind. Und er nahm ein Stück Erde und machte einen Menschen daraus.

[22]
Gen 2, 7
Gen 2, 19 ff.

Diesen machte Gott zum Herren aller Geschöpfe, dass er ihnen Namen gebe, einem jeden nach seiner Art. Es fand sich aber keine Kreatur, die Adam gleich war und die ihm behilflich sein konnte, deswegen ließ Gott Adam einschlafen. Aber während er schlief, nahm ihm Gott eine Rippe aus der Seite und machte eine Frau daraus. Als er erwachte, stellte Gott sie ihm vor. Als Adam sie sah, sprach er: „Das ist Bein von meinem Gebein und Fleisch von meinem Fleisch, darum soll sie Männin heißen." Deswegen wird ein Mensch Vater und Mutter verlassen und wird seiner Frau anhangen und sie werden zwei in einem Fleisch sein. *Gen 2, 23* *Mt. 19, 5*

Und aus Abend und Morgen wurde der sechste Tag. Am siebten Tag ruht Gott von allen seinen Werken.

DER SÜNDENFALL

Diesen Zweien, Adam und Eva, gab Gott die Macht, alle Geschöpfe zu beherrschen. Er stellte sie in die Mitte des Gartens und sprach: „Alles sei euch untertan," und „alle Früchte des Gartens sollt ihr essen, nur von dem Baum des Wissens um Gut und Böse sollt ihr nicht essen, denn sobald ihr davon esst, werdet ihr sterben." Aber schon bald nach dem Gebot entstand ein Widerwille in den Geschöpfen, sodass die Schlange, der böswillige Teufel, zu Eva sprach: „Hat Gott wirklich gesagt, dass ihr sterben werdet, sobald ihr von den Früchten esst? Das stimmt nicht: sobald ihr davon esst, werdet ihr weise wie die Götter und ihnen gleich." Als Eva das hörte, sah sie die Früchte an, die gefielen ihr sehr; sie waren köstlich zu essen, und sie wollte auch gerne wie Gott sein; daher folgte sie der Schlange,

Gen 2, 2
Gen 1, 28
Gen 2, 16 ff.

Gen 3, 1 ff.

Der Sündenfall

aß von der Frucht und gab auch Adam davon zu essen. Sobald sie aber gegessen hatten, wurden ihre Augen wach und sie sahen, dass sie nackt waren. Das heißt, sie erkannten, dass sie den Willen und die Gnade Gottes, mit der sie bedeckt waren, verlassen hatten und entblößt waren, darum begannen sie sich zu schämen, griffen über sich, rissen Blätter von den Feigenbäumen und flochten Schürzen daraus, ihre Scham zu bedecken und versteckten sich unter den Stauden. Am Abend aber, als es kühl geworden war, kam Gottes Stimme, rief Adam und sprach: „Wo bist du, Adam?" Er aber schwieg still bis zum dritten Mal, dann antwortete er und sprach: „Herr, ich habe mich verborgen, denn ich schäme mich dafür, dass ich nackt bin." Gott aber sprach: „Wer hat dir das gesagt? Du hast natürlich von dem Baum gegessen, von welchem ich dir verboten habe zu essen." Adam antwortete: „Herr, die Frau, die du mir gegeben hast, gab mir davon und ich aß." Da sprach Gott zu Eva: „Warum hast du das getan?" Sie antwortete: „Herr, die Schlange hat mich verführt!" [23]

Da sagte Gott zu der Schlange: „Weil du solches getan hast, sollst du verflucht sein unter allen Tieren. Du musst auf dem Bauch kriechen dein Leben lang und Erde essen und ich will Feindschaft setzen zwischen deinen Nachkommen und den

Nachkommen der Frau, und der Nachkomme der Frau soll dir deinen Kopf zertreten, du aber wirst ihn die Ferse beißen." Und zu Eva sprach er: „Weil du der Schlange gehorcht hast, musst du deine Kinder in großen Schmerzen gebären." Zu Adam aber sprach Gott, "Weil du auf die Frau mehr gesehen hast als auf mich, so sei die Erde deinetwegen verflucht. Sie soll dir Disteln und Dornen tragen und im Schweiße deines Angesichts sollst du dein Brot essen."

Und Gott sprach: „Der Mensch weiß nun um Gut und Böse, er könnte sich vielleicht umdrehen und essen vom Baum des Lebens und werden wie unser einer." Darum vertrieb er ihn aus dem Garten und stellte einen Engel mit einem feurigen Schwert davor, die Tür zu bewachen.

Da wurde Adam ungehorsam und gehorchte ihm nicht mehr wie vorher. Dabei konnte oder sollte er erkennen, dass so wie ihm die Schöpfung ungehorsam wurde, auch er das Gebot Gottes verlassen hatte. Sollte ihm die Schöpfung aber wieder gehorsam sein, so müsste das mit großem Zwang geschehen. Es kann auch der Mensch nicht so weit kommen, im Gehorsam Gottes zu leben als durch die Tötung des fleischlichen Willens und sein eigenes Absterben, was mit großer Trübsal und mit Leiden geschieht.

EIN GLEICHNIS

In einem Wald gibt es viele Bäume und alle zusammen sind gute Geschöpfe Gottes. Sie dienen dazu, ein Haus zu bauen. Aber aus ihnen allen wird keines werden, es sei denn, dass sie zuvor das Werk des Baumeisters erdulden, dass sie geschlägert, behauen, gehobelt und zugerichtet werden, wie es dem Meister gefällt. Erst dann werden sie zu einem Haus zusammengefaßt. So sind auch viele Menschen, alle als gleich gute Geschöpfe Gottes erschaffen zu seinem Preis und um alle zu einem Haus Gottes zusammenzufügen, in dem er wohnen will; aber nicht aus allen von ihnen wird ein Haus Gottes werden, sondern nur aus denen, die Gottes Werk und Zurechtweisung erdulden, abgehauen werden von aller Eitelkeit und Bosheit, und beschnitten werden mit der Beschneidung Christi,

Hag. 1, 8

gereinigt in ihren Herzen, und sich Gott dem Vater in der Wahrheit ergeben, Christus nachzufolgen.

Diese werden also durch das Band der Liebe zusammengefaßt zu einem Haus Gottes, in dem er seine Wohnung hat, wie geschrieben steht: „Ihr seid der Tempel des lebendigen Gottes." Und abermals: „Ich will in ihnen wohnen und wandeln, ich will ihr Gott sein und sie sollen mein Volk sein." Aus diesem und anderen Gleichnissen lernen wir, dass wir uns, wenn wir eine Übertretung begangen haben wiederum dem Gehorsam Gottes ergeben sollen, seine Zurechtweisung zu ertragen und zu erdulden, wodurch er uns tauglich und ihm selbst gefällig macht, damit er in uns wohne.

1 Kor. 3, 16
[24]
Off. 21, 3

Das alles aber wurde bisher deswegen gesagt, damit seine Kraft und Macht umso leichter erkannt werde, wie auch Paulus lehrt, dass Gottes unsichtbares Wesen und ewige Kraft aus den Werken von der Schöpfung der Welt anerkannt wird, falls man das wahrnimmt.[1]

Rom. 1, 20

In all diesem erkennen wir die Macht unseres Gottes, wie er die Seinen alle zur rechten Zeit erlöst und seine Heiligen so wunderbar führt. Dabei lernen wir wie der Glaube in ihnen gewirkt hat, und was die Kraft Gottes ist und wie wir uns in der Wahrheit

---

1. Hier wurde ein längeres Stück des Textes ausgelassen, da es sich der Hauptsache nach mit einer Wiederholung der Geschichten des Alten Testaments befaßt.

Ein Gleichnis

auf den Herren verlassen und ihm vertrauen sollen. Darum lest in der Schrift und erkennt genau, wie ihr Gott gefallen könnt. Dabei helfe euch der ewige Gott mit seiner unaussprechlichen Gnade und Kraft!

ICH GLAUBE AN JESUS CHRISTUS

Ich glaube an Jesus Christus, seinen eingeborenen Sohn, unseren Herren, der empfangen wurde durch den Heiligen Geist, geboren durch die Jungfrau Maria, gelitten unter der Gewalt des Pontius Pilatus, gekreuzigt, gestorben und begraben, hinab gestiegen zur Hölle, am dritten Tag auferstanden von den Toten, seinen Jüngern erschienen und aufgefahren in den Himmel, sitzt zur Rechten Gottes, des Vaters, von dort erwarten wir ihn als einen künftigen Richter der Lebendigen und der Toten.

Gen 3, 15   Als aber der unsterbliche Gott, unser treuer Vater, sein Versprechen wahr machen und den versprochenen Sohn schicken wollte, der der Schlange den Kopf zertreten sollte—d.h. dem Teufel seine Macht nehmen, sein Reich zerstören, seine Herrschaft vertilgen—sendet er sein ewiges Wort, das in Maria Mensch geworden ist, indem ihr der Engel Gabriel von Gott die Botschaft brachte und sie mit den Worten begrüßte: „Gegrüßet seist du Maria, du begnadete, der Herr ist mit dir." [25] Lk. 1, 28 ff.

Da erschrak Maria von Herzen und dachte, was das für ein Gruß sei. Als sie sich so fürchtete, da tröstete sie der Engel und sprach: „Fürchte dich nicht Maria. Vernimm, du wirst schwanger werden und einen Sohn gebären, der wird groß sein und ein Sohn des Höchsten genannt werden." Da sprach Maria: „Wie kann das geschehen, da ich doch von keinem Manne weiß?" Da sprach der Engel: „Die Kraft des Höchsten wird von oben herab in dich kommen. Deswegen ist das Kind, das von dir geboren wird, heilig." Als Maria hörte, dass es durch Gott geschehen sollte, sprach sie: „Mir geschehe nach deinen Worten! Siehe, ich bin eine Magd des Herrn!" Lk. 1, 31

Lk. 1, 35

Als sie sich in das Wort des Herrn fügte, wurde sie durch die Wirkung des Heiligen Geistes schwanger und gebar uns den, den uns Gott zuvor versprochen hatte durch den Prophet Jesaja, der sagt: „Siehe es wird eine Jungfrau empfangen und einen Sohn gebären, der Immanuel heißen wird." Dieser ist als ein Licht auf die Welt gekommen, damit er Jes. 7, 14

Joh. 1, 4 ff.

denen erleuchte, die in der Finsternis sitzen. Wie geschrieben steht: „Dem Volk, das in Finsternis saß, dem ist ein großes Licht aufgegangen, und dem Volk, das im Schatten und in der Gewalt des Todes gesessen ist, dem ist großes Heil widerfahren."

Jes. 9, 2

Weil uns nun die Sonne des Verstandes und der Erkenntnis aufgegangen und der Glanz der Frömmigkeit erschienen ist, so sollen wir auch darin leben als Kinder des Lichts, damit uns die Finsternis nicht wieder ergreift. Denn wer in der Finsternis wandelt, der weiß nicht, wo er fallen wird. Darum aber ist Christus gekommen, dass wir das Licht des Lebens in uns haben und durch sein Wort vom Tod erlöst werden. Darum hat Gott ihn uns versprochen und durch Mose, seinen treuen Knecht, befohlen auf ihn zu hören, indem er sagt: „Einen Propheten so wie mich wird der Herr, euer Gott, unter euch Brüdern erwecken; auf den sollt ihr hören." Und es wird so kommen: Wer auf diesen Propheten nicht hört, dessen Seele soll ausgerottet werden. Denn auch die göttliche Antwort selbst befiehlt auf das zu hören, indem er sagt: „Das ist mein lieber Sohn, an dem ich meine Freude habe." Und obwohl er in sein Eigentum gekommen ist, so haben ihn die Seinen weder gehört noch aufgenommen. Denen aber, die ihn aufgenommen haben, hat er die Macht gegeben,

Eph. 5, 8

Dtn. 18, 15, 18

Mt. 3, 17

Joh. 1, 11 ff.

Kinder Gottes zu werden, die nicht vom Fleisch, sondern aus Gott geboren sind durch das lebendige Wort, das er in unsere Herzen gegeben hat, sodass in der Zukunft keiner zu seinem Bruder sprechen braucht: „Erkenne den Herrn," Denn alle, die so geboren sind, kennen ihn, vom Kleinsten bis zum Größten. *[26]* *Jer. 31, 34*

Darum ist Christus als Heiland aller Menschen hingegeben worden, der den Willen des Vaters erfüllte, den Zorn des Vaters beruhigte, die Trennwand durchbrach, das Gesetz aufhob, aus zweien [Juden und Heiden] einen neuen Menschen machte und einen sicheren Weg zum Vater bereitete. Denn durch ihn haben wir den Zugang zum Vater, dass wir Mitbürger der Heiligen und Gottes Hausgenossen sind, um alle Herrlichkeit zu erwerben, eine Erbschaft, die er uns durch sein Blut erkauft hat, das er für uns vergossen hat, um uns zu heiligen und von unseren Sünden zu reinigen. Denn durch seine Striemen sind wir gesund geworden, indem er alle unsere Krankheiten weggenommen und die tiefen Wunden und harten Schläge, die uns der Satan angetan hat, geheilt hat. Dieser ist uns vorausgegangen, damit wir in seine Fußstapfen treten. Er schalt nicht, als er gescholten wurde, er drohte nicht, als er litt, sondern er stellte alles dem *1 Joh. 4, 4* *Eph. 2, 14* *Eph. 2, 19*

Vater anheim. Nach dessen Willen hat er gelebt und gewirkt. Und er war ihm gehorsam bis in den Tod—ja, bis zum Tod am Kreuz.

Phil. 2, 8

Dort litt der Gerechte für die Ungerechten, der Unschuldige für die Schuldigen, damit er uns zu Gott hinführe. Denn als ihm eine solche Freude von Gott vor Augen geführt wurde, erduldete er das Kreuz und achtete die Schande gering. Denk doch, wie teuer uns Christus erkauft und keine Arbeit und Mühe gespart und alles wichtiger erachtet als seine Herrlichkeit hat. Obwohl er Herr des Himmels und der Erde war, hat er es willig verlassen und ist für uns arm geworden, damit wir in ihm reich und heil werden. Er hat die Gestalt eines Knechtes angenommen und sich jedermann zum Diener gemacht, wie er selbst sagt: „Ich bin nicht gekommen, um mir dienen zu lassen, sondern um zu dienen." Dadurch dass nun ein so gewaltiger König so willig auf sein Reich verzichtet und sich so erniedrigt hat, hat er uns ein Beispiel gegeben, dass sich auch der Hohe dem Niederen unterwerfen soll, wie er auch befiehlt: „Wer unter euch der Größte sein will, der sei der Knecht aller anderen, damit er groß werde."

Hebr. 12, 2

2 Kor. 8, 9

Mt. 20, 28

Mt. 20, 26 ff.

Denn dadurch, dass er gelitten hat, hat Christus gelernt zu gehorchen. Dafür, dass er aus Liebe zu uns sein Leben nicht schonte, sondern für alle hingab,

Hebr. 5, 8

hat ihn der Herr wiederum erhöht und mit Ehre und Lobpreis gekrönt und einen Namen gegeben, der über allen Namen steht, dass in dem Namen Jesu sich alle Knie biegen sollen, die im Himmel und auf Erden und in der Tiefe sind. Und alle Zungen sollen bekennen, dass er der Herr ist, den Gott gesalbt hat mit dem Öl der Freude über alle seine Genossen. Mit starkem Arm hat er ihn wieder erweckt vom Tod, weil es unmöglich war, dass er vom Tod behalten werde, wie David bezeugt: „Du wirst nicht zulassen, dass dein Heiliger die Verwesung sieht und wirst seine Seele nicht in der Hölle lassen." Darum ist er mit Macht auferstanden, seinen Jüngern erschienen und von vielen Brüdern gesehen worden.

Als aber die Zeit da war, ist er vor seinen Aposteln in den Himmel aufgenommen und zur Rechten des Thrones der Majestät in der Höhe gesetzt worden und wartet dort, bis ihm alle seine Feinde zu Füßen liegen. Dort hat ihn auch Stefan sitzen sehen. Dort glauben wir auch, dass er ist, um uns zu vertreten.

[27]

Phil. 2, 9ff.

Hebr. 1, 9

Apg. 2, 27

1 Kor. 15, 6

Hebr. 12, 2

Apg. 7, 55

1 Kor. 15, 25

WAS BEDEUTET ‚CHRISTI FLEISCH' ESSEN?

Dass Christus im Brot sein soll und sich von einem jeden Sünder in die Hände nehmen lasse, das glauben wir nicht. Denn als ihn Maria Magdalena nach der Auferstehung berühren wollte, obwohl er sie schon von aller Ungerechtigkeit und Sünde gereinigt hatte, hat er es ihr nicht erlaubt und sagte, sie solle ihn nicht anrühren. Wenn er es schon ihr nicht erlaubt hat, die er fromm gemacht und geheiligt hatte, wie sollte er sich dann jetzt von einem jeden Hurer, Geizhals, Fluchendem, Unreinen und dergleichen in die Hand nehmen lassen? Und wenn die Schrift sagt, dass er von Menschenhänden nicht berührt werden will, so sagst du dann: „Christus habe aber Thomas erlaubt ihn anzurühren, da er spricht: ‚Thomas, stecke deinen Finger in das Mal

Joh. 20, 21

Apg. 17, 25

Joh. 20, 29

der Nägel und gib deine Hand her und lege sie in die Wunden meiner Seiten und sei in der Zukunft nie mehr ungläubig, sondern gläubig.'" Daraus folgt nicht, dass ihn Thomas angerührt hat; denn sobald er diese Worte hörte und Christus ansah, wurde der Unglaube von seinem Herzen genommen und er erkannte, dass Christus wirklich auferstanden war, was er auch bezeugte, indem er sagte: „Ach, mein Herr und mein Gott!" Ja, er wollte ihn auch nicht mehr betasten. Dass er ihn aber nicht angerührt hat, bezeugt dann der Text klar, wo Christus spricht: „Weil du es gesehen hast, Thomas, hast du es geglaubt. Selig sind die, die es nicht gesehen haben und doch glauben." Siehst du, dass er von sehen und nicht von anrühren spricht? *Joh. 20, 28* *Joh. 20, 29*

Es ist nicht so wichtig, obwohl es heißt: „Wer mein Fleisch isst und mein Blut trinkt, der wird leben in Ewigkeit." Wenn du siehst, was zuvor und was danach steht, so wirst du bald herausfinden, was das heißt „das Fleisch Christi essen." Vor diesem Spruch steht: „Als er das Volk in der Wüste gespeist hatte und über das Wasser gegangen war, da fuhr das Volk frühmorgens auch hinüber. Als sie ihn fanden, sprachen sie, ‚Meister, wie bist du hergekommen?' Christus antwortete, ‚Ihr sucht mich nicht deswegen, weil ihr die Zeichen gesehen habt, sondern weil ihr *Joh. 6, 54* [28] *Joh. 6, 24 ff.*

das Brot gegessen habt und satt geworden seid. Trachtet nach der Speise, die nicht verdirbt, sondern ewig im Himmel bleibt.'" Und weiter sprach er zu ihnen: „Eure Väter haben Himmelsbrot gegessen in der Wüste und sind gestorben." Wir lesen: „Er gab ihnen Brot vom Himmel." Und ein anderes Mal: „Jedermann aß Engelsbrot." Christus sagte: „Mose hat euch nicht Brot vom Himmel gegeben, sondern mein Vater gibt euch das rechte Brot vom Himmel, damit der, der davon isst, nicht sterben wird, sondern das ewige Leben habe. Und das Brot, das ich gebe, ist mein Fleisch, welches ich geben werde für das Leben der Welt." Wenn du darauf achtest, ob Blut und Fleisch vom Himmel gekommen sind, dann findest du klar heraus, dass das Blut und das Fleisch nicht vom Himmel gekommen, sondern erst in Maria Fleisch geworden sind. Deshalb redet Christus hier nicht vom Essen des leiblichen Fleisches und Blutes, sondern vom Glauben an das lebendige Wort des Vaters, das vom Himmel gekommen ist und der Welt das Leben gibt. Wer nun an dieses Wort glaubt, sich mit Maria Gott ergibt, der hat das Fleisch Christi schon gegessen. Denn es steht geschrieben: „Wer an mich glaubt, zu dem wollen wir kommen, ich und der Vater, und wir wollen Wohnung bei ihm nehmen." Deswegen heißt ‚Christus essen' so viel wie an die Wahrheit glauben.

Dass er aber nicht vom leiblichen Fleisch und Blut redet, auch nicht will, dass er gegessen werden soll, das wird später klar, als sich die Jünger entsetzten, weil sie die Worte nicht verstehen konnten und sprachen: „Das ist eine harte Rede, wer kann sie hören?" als wollten sie sagen: „Wer möchte schon von seinem Fleisch essen?" Da sprach er zu ihnen: „Warum ärgert euch das? Was werdet ihr sagen, wenn ihr des Menschen Sohn dorthin auffahren sehen werden, wo er zuvor war? Der Geist ist's, der da lebendig macht. Das Fleisch ist von keinem Nutzen." *Joh. 6, 60*

Joh. 6, 61

Aber es ist sehr wichtig, das er für uns geschlagen, getötet und auferweckt ist, denn sonst könnten wir nicht selig werden. Darum sagt er: „Die Worte, die ich rede, sind Geist und Leben." Ist es nun Geist und Leben, so ist es nicht Fleisch und Blut. *Joh. 6, 63*

IRRTUM DER MESSE

Christus spricht zwar, "Nehmet und esset, das ist mein Leib," aber das heißt nicht, gleich einen Gott daraus zu machen, wie die Bauchredner tun, die diesen Spruch nach ihrem Gutdünken missbrauchen, damit sie ihren Gott, ihren Bauch, gut pflegen und damit ihnen kein Leid geschehe.

Wenn aber das wirklich so wäre, wie sie sagen, dass Christus im Brot gegessen würde, warum sollten sie sich wegen der Verdammnis sorgen, wo doch geschrieben steht: „Wer von mir essen wird, der wird das ewige Leben haben." Gott bereut seine Geschenke nicht.

Darum kann auch ein jeder, der Christus wahrhaftig empfängt und isst, seiner Herrlichkeit gewiss sein, denn er spricht: „Vater, ich will, dass dort, wo ich bin, auch meine Diener sein sollen." Wenn sie aber nicht sicher sind, ob diese selige Zusage Gottes stimmt, und deshalb wanken, dann bezeugen sie mit der Tat, dass sie Christus weder empfangen noch gegessen haben, und dass Christus gar nicht da sei. Deshalb darf dieser Spruch: „Das ist mein Leib" nicht allzu fleischlich verstanden werden. Was aber den rechten Verstand innen hat, werdet ihr hören, wenn ich vom Abendmahl des Herrn reden werde.

Dass ich euch aber nichts vorenthalte und alles gründlich anzeige, was ich von eurem Messbrot halte, sage ich, es ist ein Brot, über das der Fluch des Herrn gekommen ist, und alle, die von diesem Brot essen, verunreinigen sich daran und sollen gar nicht in das Haus des Herrn kommen. Denn durch den priesterlichen Segen wird es unrein vor Gott, wie geschrieben steht: „Da sie meine Gebote übertreten und nicht nach meinem Gesetz leben, so will ich ihr ganzes Segnen verfluchen." *Mal. 2, 2*

Mit anderen Worten: Das ganze gute Lob, das dem lebendigen Christus gehört, wird ihm entzogen und dem toten Element, dem Brot gegeben, das weder sehen, hören noch reden kann, und das ihm selbst nicht von Nutzen ist. Viel weniger aber kann es einem anderen helfen.

Wir aber haben einen lebendigen Christus, durch den alles gemacht ist, besteht und erhalten wird und von dem einem jeden Hilfe zuteil wird, der auch von Gott eingesetzt ist als Richter der Lebenden und Toten. Dass er aber mit seinem Leib, mit dem er zum Himmel aufgefahren ist, weder im Brot noch an einem anderen Ort auf Erden sein will, *Mt. 26, 11* bezeugt er selbst und sagt: „Arme habt ihr immer, mich aber habt ihr nicht immer." Und ein anderes Mal: „Ich verlasse die Welt und gehe zum Vater." Mit seiner allmächtigen Kraft und Gottheit ist er *Mat. 28, 20* aber allezeit bei uns, wie er selbst sagt: „Ich bin bei euch bis zum Ende der Welt."

WAS WIR VOM ABENDMAHL CHRISTI UND DES HERREN HALTEN UND GLAUBEN

Das Abendmahl des Herrn, wie es im alten Testament vorgezeichnet und im neuen Testament gehalten wird, kann ich nicht genug loben und preisen. Im alten Testament zeigt uns Mose im Buch des Exodus: Als Gott den Pharao geplagt hatte und noch mehr plagen und alle erstgeborenen Söhne in ganz Ägypten töten wollte, da befahl er Mose, dass das Volk ein Lamm schlachten, das Blut nehmen und die obere Schwelle der Tür damit bestreichen sollte. Dadurch würde der Todesengel sie erkennen und nicht bei ihnen einkehren oder ihnen schaden. Das Lamm sollte ein Jahr alt sein und fehlerlos. Man sollte es ohne Wasser kochen oder braten. Wenn in einem Haus nicht genug

[30]

Ex 12

Leute wären, die alles essen könnten, dann sollen sie die Nachbarn, die beschnitten sind, dazu einladen, damit nichts übrig bleibt, und sie sollten auch keinen Knochen davon zerbrechen. Wenn etwas übrig bliebe, sollten sie es im Feuer verbrennen. Wenn sie es aber essen wollten, so sollten sie es stehend essen, in Reisekleidern, weiße Wanderstäbe in ihren Händen haben, die Schuhe an ihren Füßen und gerüstet wie solche, die über Land ziehen wollen, aus dem Diensthaus Ägypten hinaus.

Dieses Lamm ist ein Symbol für Christus. Durch das Blut des Lammes, das an die obere Schwelle gestrichen wurde, erfuhr das Volk Israel zu dieser Zeit Heil, sodass ihnen die Plagen, die ganz Ägypten trafen, nicht schadeten. Und so werden auch wir dadurch heil, dass unsere Herzen im Glauben mit dem Blut Christi bestrichen, gewaschen, gereinigt und geheiligt werden wenn wir sein Blutvergießen, Leiden und Sterben annehmen. So kann uns die ewige Plage, die aller Welt bereitet ist, nicht schaden; und wie dem Lamm, so ist auch dem Christus kein Knochen zerbrochen worden— wie den anderen, die mit ihm gekreuzigt wurden. Dass das Lamm aber fehlerlos sein sollte, damit ist gemeint, dass in Christus keine Sünde gefunden wurde und kein Betrug in seinem Mund. Mit ihm ist ein unschuldiges und unbeflecktes Lamm geschlachtet worden.

Wenn wir nun dieses Lammes—des göttlichen Wortes—teilhaftig werden oder es genießen wollen und das Brot des Herrn essen, so sollen wir es stehend essen, d.h. feststehend im Glauben und Vertrauen auf den Herren, in Erwartung seiner Wiederkehr, in Reisekleidern oder umgürtet mit dem Gurt der Wahrheit und angetan mit dem Panzer der Gerechtigkeit, weiße Stäbe in den Händen, d.h. ein reines Gewissen vor Gott haben wie die Gereinigten und Geheiligten und mit ihm versöhnt. Wir wollen seine Kinder sein, die Schuhe an unseren Füßen mit der Rüstung des Evangeliums vom Frieden und gerüstet so wie die, die über Land ziehen wollen, d.h. sich vorbereiten und rüsten in Christus zum Leiden und zum Kreuz und—wenn es erforderlich wird—auch durch den Tod zu gehen aus diesem Jammertal hinüber in das wahre Vaterland. [31] *Eph. 6, 14*

Wenn sie es aber essen wollten, durften sie kein gesäuertes, sondern nur ungesäuertes Brot dazu essen. Das bedeutet, dass auch wir alles Gesäuerte ablegen müssen—alle Sünde und Bosheit—und dafür ein süßes Brot nehmen, d.h. eine neue Schöpfung in Christus werden, ihm gefällig und angenehm, wie auch Paulus lehrt: „Da auch wir in Jesus Christus ein Osterlamm haben, das für uns getötet wurde, so lasset uns Ostern halten nicht im alten Sauerteig der Bosheit, sondern im süßen Teig der Lauterkeit und Wahrheit."

1 Kor. 5, 8

Wenn aber dann, wenn es gehalten worden ist, die Kinder ihre Eltern fragen sollten: „Was ist das; was bedeutet das?" dann antworten die Eltern: „Das heißt das Vorbeigehen, wie es der Herr in Ägypten getan hat, als er alle erstgeborenen Söhne in Ägypten getötet hat, dass der zu uns aber nicht einkehrt." So war nun das Lamm nicht das Vorbeischreiten des Herrn in Ägypten, sondern ein Zeichen des Gedächtnisses und der Erinnerung daran, dass sie auf die Güte Gottes nicht vergessen sollten.

Mk. 14, 12 ff.

Mt. 26, 17 ff.

Lk. 22, 7 ff.

Gerade wegen dieses Lammes fragten die Jünger Christus, indem sie sagten: „Meister, wo willst du, dass wir das Osterlamm bereiten?" Er aber sprach: „Geht hin in die Stadt, da wird euch ein Mensch begegnen mit zwei Krügen Wasser, dem folgt, wo er auch hingeht, und dort sagt ihr zu dem Hausherren, ‚Wo ist der Platz, wo wir das Osterlamm bereiten können?' und er wird euch einen großen gepflasterten Saal zeigen. Dort bereitet es für uns." Und als sie in die Stadt kamen, fanden sie es, so wie er ihnen gesagt hatte und sie sprachen zu dem Hausherren: „Der Meister lässt euch sagen: ‚Wo ist

der Platz, da ich Ostern halte mit meinen Jüngern?'"
Und er zeigte ihnen einen großen gepflasterten Saal,
dort bereiteten sie es. Als es nun Abend wurde, kam
Jesus und setzte sich mit den Zwölfen. Während sie
aßen, sprach er: „Mich hat so danach verlangt, dieses
Osterlamm mit euch zu essen, bevor ich leide." Mit
diesem Wort hebt er das Alte auf und setzt ein neues
ein, nämlich Brot und Wein. Denn nachdem sie
gegessen hatten, nahm er das Brot, dankte seinem [32]
Vater und brach es. In diesem Brechen des Brotes,
das er vor seinen Jüngern getan hat, hat er gezeigt,
dass er seinen Leib für sie und für alle zerbrechen
werde, damit alle, die an ihn glauben, das ewige
Leben haben und zu ihm kommen, wie er selbst
sagt: „Wenn ich von der Erde erhöht werde, so will *Joh. 12, 32*
alles zu mir heraufziehen."

„Und er gab es seinen Jüngern." Damit wollte er
ihnen sagen: So wie er ihnen nach dem Brechen das
Brot gegeben hat, das ihnen zur Aufrechterhaltung
des Leibes dient, so wollte er ihnen auch nach
der Zerbrechung seines Leibes das ewige Leben
schenken und sie vom Tod erlösen. Denn durch
seinen Tod haben wir das Leben empfangen—wie
die ganze Schrift sagt—und die rechte Speise des
Geistes, durch die unsere Seele erquickt, getröstet
und erhalten wird.

„Und er sprach: ‚Nehmet und esset!'" So wie Christus hier seinen Jüngern befiehlt, am zerbrochenen Brot teilzuhaben und es zu essen, genauso will er damit, dass wir uns der Zerbrechung des wahrhaftigen Brotes, d.h. des Leidens und Sterbens Christi, annehmen und ihrer teilhaftig werden sollen, damit auch wir an seiner Auferstehung und Herrlichkeit Anteil haben können.

Rom. 8, 17 Paulus sagt: „Denn wir sind Gottes Erben und Miterben Christi, wenn wir bereit sind mit ihm mit zu leiden, damit wir mit ihm zur Herrlichkeit erhoben werden."

1 Kor. 10, 17 „Das ist mein Leib, der für euch zerbrochen wird." Was nun der Leib ist, das legt Paulus klar dar und sagt: „Wir, die vielen, sind ein Brot und ein Leib, die wir alle eines Brotes teilhaftig sind."

Dass er aber diesen Leib meint, dass sagt er an einer anderen Stelle: „Ich ersetze, was noch übrig geblieben ist von der Trübsal Christi mit meinem *Kol. 1, 24* Leib für seinen Leib, was so viel wie die Gemeinde ist."

Du wirst jetzt sagen: „Ich höre wohl, du glaubst, durch dein Leiden errettet zu werden." Das sei fern von uns, besonders von Christus als dem Haupt, dass dem ganzen Leib Heil und Freude gibt. Doch so stimmt es, wenn sich die Glieder der Trübsal des Hauptes annehmen, damit sie auch seiner

Freuden teilhaftig werden. Denn die Rebe bringt keine Frucht, außer sie wird teilhaftig des Saftes des Weinstocks, denn aller Saft kommt von der Wurzel, welche die Reben trägt. So kommt alles Heil vom Haupt zu uns, und Christus ist das Haupt, durch das der ganze Leib erhalten wird.

„Das tut zu meinem Gedächtnis, so oft ihr es tut!" Weil er nun befiehlt, das zu seinem Gedächtnis zu tun, ist es offensichtlich, dass er selbst nicht vorhanden ist und nicht gegessen wird, obwohl die Worte sagen: „Nehmet, esset, das ist mein Leib!" *Lk. 22, 19*

Mt. 26, 26

Ein Gleichnis: Wenn einer sagt: „Trinkt Sankt Johannes Segen," so meint er ja nicht den Segen, sondern den Wein, der gesegnet ist. Und so befiehlt auch Christus in diesem Wort: „Esset, das ist mein Leib!" nicht sein Fleisch und Blut zu essen, sondern das, was er mit seinem Leib meint. Darum befiehlt er, solches zu seinem Gedächtnis zu tun. So ist auch das Lamm kein Vorbeigehen, das in Ägypten geschehen ist, obwohl die Eltern den Kindern sagten, es wäre das Vorbeigehen, das der Herr in Ägypten getan hätte. Sie sagten das aber nicht deswegen, dass er nun an ihnen selber vorbeigegangen wäre, sondern um sich an das Vorbeigehen beim Lamm zu erinnern und daran zu denken und Gott zu danken. So ist auch das Brot nicht der Leib, sondern ein Zeichen und eine Erinnerung an den Leib Christi. Dabei

[33]

soll man an das Leiden und Sterben Christi denken,
Lk. 22, 19 wie er befiehlt: „Tut das zu meinem Gedächtnis, so
1 Kor. 11, 26 oft ihr es tut." Oder wie Paulus sagt: „Verkündet des Herren Tod, bis er kommt."

Daher ist es notwendig, beim Abendmahl Christi seinen und unseren Tod zu betrachten, desgleichen die Liebe Christi und unsere Liebe.

BROT UND WEIN ALS SYMBOLE

Die Liebe Christi und unsere Liebe wird uns dargestellt im Brot und im Wein: das Brot fasst viele, viele Körner zusammen, die zermahlen werden, und aus denen ein Mehl wird.² Daraus wird ein Brot, sodass man im Brot nicht mehr kennt, welches Mehl darinnen ist. So werden auch wir Menschen seinem Wort glauben und uns unter das Kreuz Christi ergeben, wenn wir zermahlen werden durch den edlen Mühlstein göttlicher Kraft, zusammengefaßt durch das Band der Liebe zu

---

2 Diese folgende Gleichnis ist äußerst populär bei den Täufer. Wir wissen nich genau, woher sie es nahmen. Hier bei Riedemann finden wir eines der früesten Beispiele davon, und die Anwendung auf das Gemeindeleben ist noch nicht so klar entwicelt wie das später bei den Hutterischen Brüdern der Fall sein wird. Man vergleiche dazu Andreas Ehrenpreis' Sendbrief von 1650. Das Gleichnis findet sich erstmalig in der Zwölfapostellehre oder Didache (um 120 n. Ch.) und wurde auch einmal kurz von Luther benützt (1519). Siehe Lydia Müller, *Der Kommunismus der Mährischen Wiedertäufer*, Leipzig, 1938, S. 66.

einem Leib, dessen Haupt Christus ist, wie Paulus sagt, dass „wir viele ein Brot und ein Leib sind, so wie wir alle eines Brotes teilhaftig sind."

1 Kor. 10, 17

Die sich nun dem Herrn wahrhaftig nachfolgen wollen, die werden eines Sinnes, Herzens und Mutes sein, wie auch die Körner einig sind im Brot, und gleich wie das Haupt Christus mit dem Vater einig ist, so sind auch die Glieder mit dem Haupt einig und so gesinnt, wie es auch das Haupt war. Wie geschrieben steht: „Wir haben den Sinn Christi." Wer aber den Sinn Christi nicht hat, der ist nicht sein.

1 Kor. 2, 16

[34] Und wie die Körner eines dem anderen sich völlig darreichen, damit ein ganzes Brot daraus werde, so hat auch Christus, unser Hauptmann, sich uns selbst gegeben und uns damit ein Beispiel gegeben, damit, so wie er uns geliebt hat, auch wir einander lieben sollen und keiner mehr für sich selbst, sondern für die Glieder Christi, den ganzen Leib leben soll. Einer soll dem anderen mit der Gabe dienen, die er empfangen hat, damit der Leib wachse zu seiner eigenen Besserung.

Joh. 13, 34

1 Pet. 4, 10

Eph. 4, 16

Und so wie Christus die Seinen liebt, so liebt er sie bis in den Tod. Deswegen werden uns im Abendmahl auch der Tod Christi und unser Tod angezeigt. Denn so wie Christus das Brot gebrochen

Joh. 13, 1

hat vor seinen Jüngern, so hat er nachher auch seinen Leib zerbrochen zum Heil der ganzen Welt. Wie nun Christus im Brot angedeutet hat, dass er seinen Leib zerbricht um unseres Heiles willen, so deuten auch wir dies an, wenn wir das Brot brechen, und verpflichten uns, auch unseren Leib hinzugeben aus Liebe und um seines Wortes willen und für unsere Brüder—wenn wir sie in Schwachheit finden, sie zu stärken und zu trösten, ob es nun im Schmerz sei, bei Feuersbrunst oder Hochwasser und in anderen Nöten, wo sie uns brauchen, ungeachtet dessen, was uns die Welt dafür antut.

Denn wer unwürdig isst und trinkt vom Kelch des Herrn, der isst und trinkt sich das Gericht. Denn wahrlich, wer von des Herren Brot isst und von seinem Kelch trinkt, sich zuvor aber nicht prüft, ob er bereit wäre, für ihn sein Leben zu lassen um der Wahrheit des Evangeliums und seiner Brüder willen, der isst und trinkt sich wahrlich das Gericht. *1 Kor. 11, 29*

Und so wie ich vom Brot geredet habe, so geht es auch mit dem Wein. Denn es kommen viele Weinbeeren, die im Kelter zertreten werden, zusammen und es wird ein Wein daraus, sodass man nicht mehr erkennen kann, ob er von dieser Weinbeere ist oder von einer anderen. Weil aber schon beim Brot von dieser christlichen Einigkeit und von dem ganzen Brauch des Abendmahls Christi berichtet wurde, braucht das jetzt nicht noch einmal wiederholt werden. Seht also, ob euer Abendmahlsbrot diesem gleich ist oder nicht.

DER BRAUCH CHRISTI UND DES ANTICHRISTEN GEGENEINANDER

Als Christus mit seinen Jüngern das Osterlamm gegessen hatte, nahm er das Brot und dankte seinem himmlischen Vater. Der Antichrist dankt nicht, sondern er segnet nur das Brot. Christus brach das Brot, der Antichrist aber bricht das Brot nicht, sondern er gibt eine ganze Oblate.

Wenn er es aber in der Messe bricht, so verzehrt er alle drei Teile allein und gibt niemandem etwas davon. Christus gab es seinen Jüngern und sprach: „Nehmet!" Der Antichrist tut das nicht, sondern er verbietet, es zuvor mit den Händen anzugreifen. Christus sprach: „Esset!" Der Antichrist spricht das nicht, sondern er sagt, es sei keine Speise, die man mit Händen zermahlen sollte. Christus

Mt. 26, 26

[35]

Mt. 26, 26

1 Kor. 11, 24 sprach: „Das ist mein Leib, der für euch zerbrochen wird." Der Antichrist aber spricht, er werde noch jeden Tag in der Messe für uns zerbrochen und müßte sich jeden Tag neu opfern lassen und leiden, ganz gegen die Lehre des Paulus, wo er sagt, dass
Hebr. 10, 14 Christus mit einem Opfer alle vollkommen gemacht habe, die geheiligt werden sollen, und dass er sich
Hebr. 1, 3 zur Rechten des Stuhls Gottes gesetzt habe und in der Zukunft nicht mehr geopfert werde.

Lk. 22, 19 Christus sagt: „Sooft ihr das tut, tut es zu meinem Gedächtnis." So frage ich hier, bedeutet das Wort ‚tut' aus Brot Fleisch machen? Oder bedeutet hier ‚tut' soviel wie Christus vom Himmel herunterholen und seines Platzes bei seinem Vater zu berauben? Oder bedeutet hier ‚tut' so viel wie das tote Element, das Brot, anbeten oder bedeutet ‚tut' Christus ins Brot verbannen und hinter Gittern einsperren? Nein, mit diesem Wort meint Christus an sein Leiden und Sterben denken, Dank sagen und den Vater zu preisen. Wenn aber der Erschaffer des Gräuels aus Brot einen Gott machen will, so spricht er: „Das ist mein Leib." Wenn es nun nach dem Laut seiner Worte zugehen sollte, so müsste es der Leib des Pfaffen und nicht der Christi sein, sonst müsste er die Worte umkehren und sprechen: „Das ist der Leib Christi." Wenn du aber sagst, er stehe an Christi Stelle, wo muss währenddessen Christus stehen? Etwa hinter dem Ofen? O weh der großen Blindheit, die jetzt in der ganzen Welt umgeht! Dem, der sich selbst einen lebendigen Tempel erbaut hat, nämlich das Herz der Gläubigen, um darin zu wohnen, wollen sie erst ein Brot als Haus herrichten!

ICH GLAUBE AN DEN HEILIGEN GEIST

Ich glaube an den Heiligen Geist, durch den die eine christliche Kirche erbaut ist, welche die Gemeinschaft der Heiligen ist, worin Vergebung der Sünden ist. Es wird auch eine Auferstehung des Fleisches und ein ewiges Leben geben. Dazu helfe Gott uns allen!

Die Kraft des Höchsten, der Heilige Geist, ist der, der alles in allen wirkt; der den neuen Menschen in seinem Sohn erneuert und zur Erkenntnis Christi und Gottes bringt; der uns alle Schätze offenbart, die in Gott und Christus verborgen sind, wie auch Paulus bezeugt und spricht: „Gott hat es uns geoffenbart durch seinen Geist, denn der Geist erforscht und erkennt alle Dinge, auch die Tiefe der Gottheit." Denn welcher Mensch weiß, was im Menschen ist, ohne den Geist des Menschen, der in ihm ist. So weiß auch niemand, was in Gott ist, außer der Geist Gottes. Wir aber haben den Geist nicht aus dieser Welt, sondern aus Gott empfangen, damit wir wissen können, was uns von Gott gegeben ist. Durch eine solche Offenbarung und Mitteilung seiner Gabe, fügt er die Kirche und das Haus Gottes zusammen, die auf Christus gegründet und erbaut wird und erbaut worden ist, die auch durch das Blut Christi gereinigt und geheiligt wurde. Er tröstet auch alle armen, elenden, zerschlagenen und bekümmerten Herzen mit dem leiblichen Trost seiner Gnade und führt sie in das Haus Gottes. Dort empfangen sie Vergebung der Sünden und werden verbunden mit dem Band der Liebe zu einem Leib durch den einen Geist, der das alles bewirkt. Darum ist er der Vater der Armen und Elenden, eine Stärkung für die Schwachen, ein Trost für die Traurigen, ein Wegweiser derer, die von der Wahrheit irren, ein Licht derer, die in der Finsternis sitzen, einer, der die Gefallenen aufrichtet und die Gaben Gottes aufteilt, Ruhe für die, die mühselig sind und in der Hitze der Trübsal eine Kühlung und Erquickung. Denn durch ihn wird uns alles leicht und nicht schwer zu tragen und zu dulden. Er führt uns hindurch und hilft uns überwinden, um uns an den Ort zu bringen, der uns durch Christus bereitet und erworben ist.

1 Kor. 2, 10

Kol. 3, 14

Lk. 1, 79

Mt. 11, 28 ff.

WAS WIR VOM EHESTAND HALTEN UND GLAUBEN

[37]
Gen 1, 1

Gen 1, 27

Gen, 2, 21 ff.

Am Anfang schuf Gott Himmel und Erde und alle Kreaturen, zuletzt den Menschen und machte sie als Mann und Frau. Denn als Adam keinen Gehilfen hatte und auch keinen unter allen Geschöpfen fand, da schickte Gott einen tiefen Schlaf über Adam. Im Schlaf aber nahm er eine Rippe aus seiner Seite und machte eine Frau daraus. Als Adam erwachte, stellte Gott sie ihm vor. Als sie aber Adam sah und erkannte, sprach er: „Das ist Bein von meinem Bein und Fleisch von meinem Fleisch. Darum soll sie Männin heißen." Ihretwegen wird ein Mensch Vater und Mutter verlassen und wird seiner Frau anhangen und sie werden zwei in einem Fleisch sein. Damit stimmt auch Christus überein, der sagt: „So sind sie jetzt nicht zwei, sondern ein

Fleisch. Weil sie nun ein Fleisch geworden sind *Mt. 19, 6* durch die Einwilligung miteinander in Liebe zu leben, können sie niemals geschieden werden. Denn was Gott zusammengefügt hat, soll der Mensch nicht scheiden. Wer sich aber scheidet von seiner Frau—außer aufgrund von Ehebruchs—der bricht *Mt. 5, 31* die Ehe." Und wir wissen, dass kein Ehebrecher Teil *1 Kor. 6, 9* hat am Reich Gottes und Christi. Deshalb sollen die Männer ihre Frauen lieben so wie ihr eigenes Fleisch. Nun gibt es keinen, der sein Fleisch je *Eph. 5, 28* gehasst hat, nein, er zieht es auf und nährt es mit großem Fleiß.

Denn wie die Gemeinde Gottes mit Christus vermählt ist, so ist auch die Frau mit dem Mann vermählt. Darum sollen, so wie Christus für seine Gemeinde sorgt, sie erhält und nährt, auch die Männer für ihre Frauen sorgen, sie erhalten und nähren. Und so wie Christus die Gemeinde liebt, sodass er sein Leben nicht schonte, sondern es für sie zu ihrem Heil gegeben hat, so sollen auch die Männer ihre Frauen lieben wie ihren eigenen Leib *Eph. 5, 23 ff.* und sich aller Trübsal der Frauen annehmen als ob es ihre eigene Trübsal wäre. Die Frauen aber sollen ihren Männern untertan sein mit Gottesfurcht wie *Eph. 5, 22* vor dem Herrn, sowie Sara ihrem Mann gehorsam war und ihn Herr nannte. Wenn die Frauen im

Glauben bleiben, so folgen sie ihm wie gute Töchter. Es sollen aber die Männer mit aller Sanftmut und Freundlichkeit bei ihren Frauen wohnen, weil sie die Schwächeren sind. Sie sind aber auch Mitgenossen der Gnade Gottes. Sie sollen also in der Liebe Gottes miteinander leben und in reiner Furcht ihr Werk vollbringen und ausrichten, damit in allen Dingen allein die Ehre Gottes gesucht werde.

1 Pet. 3, 7 ff.

[38]

Denn der sie am Anfang machte, spricht zu ihnen: „Wachset und mehret euch und füllt die Erde!" Darum, wie Paulus lehrt, soll auch der eine dem anderen verpflichtet sein, Gutwilligkeit zu erweisen. Denn der Mann ist nicht Herr über seinen Leib, sondern die Frau und auch die Frau ihrerseits ist nicht Herrin über ihren Leib, sondern der Mann.

Gen 1, 28

1 Kor. 7, 3 ff.

Was aber nicht Pflicht ist, soll unterlassen bleiben, damit wir nicht sind wie die Rosse und Maulesel, die keinen Verstand haben, sondern wie die, die geheiligt sind durch das Blut Christi und abgestorben aller fleischlichen Lust, so wie auch Paulus sagt: „Die, die Frauen haben, haben sie, als hätten sie keine." Jesus lehrt: „Wer es fassen kann, der fasse es."

Ps. 32, 9

1 Kor. 7, 29

Mt. 19, 11

Darum sage ich, wenn jemand heiraten will, der soll zusehen, wie er heiraten will, damit es nicht geschehe zur Wollust des Fleisches; denn es steht geschrieben: „Das Bett der Eheleute sei unbefleckt."

Hebr. 13, 14

Es soll also aus Liebe zu Gott und Liebe zu den Kindern geschehen, wie es auch bei Tobias heißt.³

Als der Engel Gottes zu dem jungen Tobias sprach: „Ich will dir sagen, über welchen Teil der Teufel Gewalt hat: nämlich über die, die zu der Ehe greifen aus Wollust des Fleisches mehr als aus Liebe zu Gott und den Kindern." Darum heiratet jeder in der Furcht Gottes. In dieser Furcht wird er auch den Willen Gottes wohl lernen. Ach, ein seliges Ding ist der Ehestand, wenn er recht und göttlich gebraucht und gehalten wird, wie es den Heiligen zusteht. Und andererseits ist er ein unseliges Ding, wenn er nicht recht göttlich und christlich gehalten wird. Er ist dann vor Gott nichts besser als eine andere Form von Hurerei.   *Tob. 6, 7*

Es sei aber die Frau dem Mann untertan in aller Billigkeit und der Mann sei ein Haupt der Frau, und die Frau fürchte den Mann, aber nicht der Mann die Frau. Denn es ist nicht der Mann um der Frau willen, sondern die Frau um des Mannes willen erschaffen; so hat auch nicht zuerst Adam, sondern Eva Gottes Gebot übertreten und die Verfluchung verursacht. Doch ist weder der Mann ohne die Frau, noch die Frau ohne den Mann im Herren, sondern wie die Frau von dem Mann, so kommt auch der   *1 Kor. 11, 3*

Eph. 5, 33
1 Kor. 11, 9

Gen 1, 28

---

3 Das apokryhe Buch Tobias wird von den Täufern häufig zitiert, wenn von der Ehe die Rede ist, bes. Tobias 8, 9 (noch heute beliebter Text für Hochzeits predigten bei den Amischen).

Mann durch die Frau und alles von Gott. Darum soll
Eph. 5, 25 die Frau dem Mann gehorsam sein, aber der Mann soll die Frau lieben. Wer seine Frau hasst, der hasst sich selbst. Denn eine fromme Frau ist eine Krone
Spr. 12, 4 ihres Mannes und eine Stärke seiner Gebeine, wie Salomo im Buch der Sprüche schreibt, und ist eine Zier des ganzen Hauses.

WIE MAN DAS HAUS GOTTES BAUEN SOLL UND WAS DAS HAUS GOTTES SEI

Christus spricht, dass es keinen Mann gibt, der einen Turm oder ein Haus bauen will, der sich nicht zuvor hinsetzen und die Kosten überdenken würde, ob er den Bau vollenden könne oder nicht. Wenn er das Geld dazu nicht hat, unterläßt er den Bau, damit er nicht, damit aufhören muß, wenn er das Fundament gelegt hat und den Bau nicht vollenden kann. Sonst würde dann jeder anfangen ihn auszuspotten und würde sagen: „Der hat angefangen, ein Haus zu bauen und kann es nicht fertig bauen."

So müssen auch wir, wenn wir anfangen wollen einen Bau für das ewige Leben zu errichten, zuvor die Kosten überschlagen, ob wir imstande sind alles zu tragen, was auf uns zukommt und

[39]

Lk. 14, 28

Lk. 14, 29

was uns auferlegt wird um der Liebe Gottes und Christi willen. Ob wir bereit sind, die Verfolgung und Verachtung seinetwegen zu erdulden und erleiden. Ob wir das Fleisch mit allen seinen Lüsten verleugnen, die Welt mit all ihrer Wollust und ihren Herrlichkeiten zu verlassen, gegen den Teufel mit all seiner Bosheit ankämpfen, um den edlen Schatz Christi zu bewahren.

Wenn wir das alles in uns vorfinden, dann können wir wohl mit Freuden anfangen auf den Grund aller Apostel zu bauen, in dem Christus der Eckstein ist, wie Paulus sagt: „Einen anderen Grund kann zwar niemand legen außer dem, der gelegt ist, der Christus ist."[4] Ich nun aus Gottes Gnaden, als ein weiser Baumeister, habe den Grund gelegt, ein anderer baut darauf. Es schaue aber ein jeder darauf, wie er darauf baut; denn so wie der Bau eines jeden sein wird, so wird er seinen Lohn empfangen, je nachdem ob gut oder böse. Darum spricht Petrus: „Kommt zu dem lebendigen Stein, der von den Bauleuten—d.h. von den Schriftgelehrten— verworfen wurde, vor Gott aber köstlich und erwählt ist. Darum sollt auch ihr euch als die lebendigen Steine zu einem lebendigen Tempel Gottes erbauen, damit Gott in euch wohne und sein Werk in euch habe." Wenn aber einer ein schönes Haus bauen

1 Kor. 3, 11

1 Kor. 3, 10, 14

1 Pet. 2, 4

---

[4] Dies wurde später das Motto Menno Simons.

will, so muss er die Steine gut behauen. So müssen auch wir unsere Herzen beschneiden und reinigen von aller Sünde und Ungerechtigkeit, wie Petrus uns lehrt, da er spricht: „So legt nun ab von euch alle Bosheit, List, übles Nachreden und Heuchelei, und seid begierig nach der vernünftigen und unverfälschten Milch—d.h. nach dem lebendigen Wort Gottes—als die jetzt geborenen Kindlein, damit ihr dadurch wachst." Damit ihr dieses Haus zieren könnt mit edlen Steinen, dass es gemütlich und sauber sei und der Vater gern darin wohne. Das Behauen des Steines geschieht aber nur durch viel Trübsal und Verfolgung um des Wortes willen, wie geschrieben steht: „Wer am Fleisch leidet, hört mit den Sünden auf." Die ganze Welt aber spricht jetzt: „Ach, ich komme schon noch! Ich muss zuvor noch mein Haus richten, Geschäft, Haus und Kind versorgen und für meine Freunde etwas tun." Von diesen spricht der Herr wohl durch den Propheten, wenn er sagt: „Dieses Volk redet, die Zeit, das Haus des Herrn wiederum zu bauen, ist noch nicht gekommen." Diesen aber sagt der Herr: „Nicht wahr, es ist an der Zeit, dass ihr in euren getäfelten Häusern sitzt und mein Haus muss noch wüst liegen." Ja wahrlich, es ist jetzt die Zeit der ganzen Welt, dass sie in ihrem Mutwillen lebt und trachtet, wie sie nur viel in ihren Säckel bringen kann, ihre

Deut. 10, 16

[40]
1 Pet. 2, 1 ff.

1 Pet. 4, 1

Hag. 1, 3 ff.

Häuser, Besitzungen und Wohnungen auf das schönste zu zieren, an denen sie ihre Freude und ihre Lust haben. Sie fragen aber gar nicht nach dem Armen, die Liebe an ihm zu erweisen. Ja, sie ließen ihn wohl die Maden unter einem Zaun essen, bevor sie ihm in seiner Not zu Hilfe kämen. Darum spricht der Herr: „Sie essen viel und werden nicht satt." Das bedeutet, mit der Wahrheit, die sie oft hören können, werden sie nicht gesättigt, sodass sie diese in der Tat umsetzen, um als Kinder Gottes darin zu leben, sondern sie lernen immerzu und können nicht zu wahrer Erkenntnis kommen, denn ihre Herzen sind verfinstert. Sie trinken viel und können ihren Durst nicht löschen—d.h. mit dem süßen Wein der Erkenntnis und Weisheit Gottes, das ist mit dem Heiligen Geist. Dazu sind sie aber nicht fähig wegen ihres Unglaubens und ihrer Bosheit.

Hos. 4, 10

2 Tim. 3, 7

Sie bekleiden sich und haben keine Wärme in den Kleidern—d.h. sie rühmen sich der Wahrheit und des Glaubens, der aber keine Kraft hat und tot ist vor Gott, da er sich nicht in der Liebe auswirkt und darin fruchtbar ist. Und wenn einer einen Lohn empfängt, der behält ihn in einem löcherigen Säckel—d.h. wenn einer eine Gabe der Erkenntnis Christi von Gott empfängt, so nimmt er sie nicht wahr und achtet sie gering; denn wie einer, der den Lohn im löcherigen Säckel behält, diesen verliert

Off. 3, 14 ff.

und wenn er ihn braucht, nicht findet, so ist es auch
mit dem, der von Gott die Gaben empfängt, diese *[41]*
aber nicht wahr nimmt, um mit ihnen zu handeln, *Lk. 19, 23*
sondern sie gering achtet und aus Furcht vor der *Mt. 13, 12*
Welt verbirgt. Von dem wird sie der Herr wieder *Mt. 25, 29*
nehmen und dem geben, der darin treu ist, keine
Mühe spart, sondern mit allem Fleiß das Haus des
Herrn baut mit der Gabe, die ihm gegeben ist.

Weil er will, dass sein Haus erbaut werden soll,
befiehlt und spricht auch der Herr: „Geht hinauf *Hag. 1, 8–9*
auf den Berg und bringt Holz, damit ihr mein
Haus bauen könnt. Darin will ich wohnen und
euch gnädig sein und mich euch gegenüber ehrlich
erweisen, sonst wartet ihr auf viel, und es wird euch
wenig zuteil, und wenn ihr es auch heimbringt, so
bringe ich es wieder zum Verschwinden und das
darum, weil mein Haus wüst daliegt." Dieser Berg
ist Christus, wie auch die Schrift bezeugt: „Und
ich sah, dass ein Stein vom Berg abgerissen wurde, *Dan. 2, 34*
ohne Hand anzulegen, und dass der Stein zu einem *Jes. 2, 2 ff.*
großen Berg wurde, durch den der ganze Erdkreis
erfüllt wurde, und der ist erhöht als Berg Zion über
alle Berge und Hügel." Auf diesen Berg müssen wir
ziehen durch den Glauben und fest auf ihn vertrauen
und von ihm das Holz nehmen. Das heißt, dass wir
die Gabe des Heiligen Geistes durch ihn oder von
ihm empfangen, die er versprochen hat all denen zu

Joh. 16, 7 ff. geben, die ihn lieb haben, wie er sagt: „Wenn ich weggehe, werde ich euch den Tröster des Heiligen Geistes senden, der euch alle Wahrheit lehren wird. Denn er wird es von dem Meinen nehmen und euch verkünden." Wenn er aber sagt, er werde von dem Seinen nehmen und uns verkünden, bezeugt er, dass in ihm die ganze Fülle der Gottheit wohnt, eine Fülle, von der wir alle, wie Johannes sagt, Gnade

Joh. 1, 16 um Gnade empfangen haben. Durch dieses Holz, d.h. durch die Gnade des Heiligen Geistes, wird das Haus erbaut, in dem er wohnen und gnädig sein will. Dieses Haus aber ist die Gemeinde Gottes, wie uns Paulus zeigt und spricht: „Ihr seid der Tempel

1 Kor. 3, 16 ff. des lebendigen Gottes und wer den Tempel Gottes schändet, den wird Gott schänden. Denn der Tempel Gottes ist heilig; das seid ihr." Wie Gott spricht: „Ich will in ihnen wohnen und leben und

2 Kor. 6, 16 will ihr Gott sein und sie sollen mein Volk sein." „Darum geht weg von ihnen und sondert euch ab,"

2 Kor. 6, 17 spricht der Herr: „und rührt nichts Unreines an, so will euch annehmen und will euer Vater sein, und ihr sollt meine Söhne und Töchter sein."

Von diesem Haus spricht auch David: „Um
Ps. 27, 4 eines habe ich den Herrn gebeten, das will ich fordern: dass ich in seinem Haus bleibe mein Leben
[42] lang." Und noch einmal spricht er: „Ich verkünde

deinen Namen meinen Brüdern und will dir mitten in der Gemeinde lobsingen." *Ps. 22, 22*

Dieses Haus nun ist nicht von einem Menschen aufgerichtet, sondern von Gott. Verwalter dieses Hauses und Haupt der Gemeinde ist Christus geworden. Gott aber, der Erbauer dieses Hauses, hat, weil ihm alle Dinge bekannt und offenbar sind, und als er das Ungestüm der starken Winde, die an das Haus stoßen werden, samt den Wassermassen, vor denen es bestehen soll, zuvor erkannt hat, das Haus befestigt auf dem festen Grund Christus, gegen den alle Pforten der Hölle nichts vermögen. Dazu hat er dieses Haus auch noch umgeben mit unbeweglichen Pfeilern, damit es bewahrt werde und nicht falle, wenn die Winde und Wasser der Trübsale daran stoßen werden.

Eph. 1, 22

Mt. 16, 18

VON DEN SIEBEN PFEILERN AN DIESEM HAUSE[5]

[43] Der erste Pfeiler an diesem Haus aber ist die reine Furcht Gottes, wie geschrieben steht: „Die Furcht Gottes ist ein Anfang der Weisheit." Gegen diesen Pfeiler stoßen der gewaltige Wind und das schädliche Wasser, die Menschenfurcht. Das zeigt uns, wie man mit den Christen umgeht. Der König und seine Herren wollen es nicht zulassen, sie werden dich von Haus und Hof, Frau

Ps. 111, 10
Spr. 1, 7

---

5 Die biblische Grundlage dieser Allegorie ist Sprüch 9, 1: „Die Weisheit bauet ihr Haus und hat sich ihre sieben Säulen ausgehauen." Es scheint, daß Riedemann die Hauptidee dieses interessanten Stückes einem Trackt entlehnte, den der Bauerführer Jörg Hauck von Juchsen im Jahre 1524 unter dem Titel: Eine christliches Ordnung, auch genannt „Anfang eines christlichen Lebens" herausgab. (Lydia Müller druckt, leider unvollständig, Teile dieses Traktates in ihren „Glaubenszeugnissen", Leipzig, 1938, S. 3–10, ab). In dieser Schrift lehrt Jörg Hauck, daß „ein christliches Leben hat Staffel und Grade bis es vollkommen wird" und daß der Aufstieg dahin über sieben solche Grade geschieht. Die „sieben Staffeln zur Vollkommenheit" sind nun: der Geist der Furcht, der Geist der

und Kind vertreiben, dir alles, was dir gehört, dazu noch dein Leben, nehmen. „O, du wirst solches nicht zulassen!" „Lass es trotzdem geschehen und sei zufrieden!" Diesen Anfechtungen müssen wir in der Furcht Gottes widerstehen und Gott mehr fürchten als den Menschen, wie auch Christus lehrt: „Fürchtet nicht die, die nur den Leib töten können und hernach nichts mehr haben, was sie uns noch antun könnten. Den aber sollt ihr fürchten, der, nachdem er getötet hat, auch noch Macht hat, Leib und Seele ins Verderben zu werfen." Weiter sagt auch Esra: „Sie werden euch von Haus und Hof jagen und eure Güter rauben." *Mt. 10, 28*

[44]

2 Esra 1, 72–73

Das ist dann die Prüfung für meine Auserwählten. Fürchtet euch aber nicht deswegen. „Denn es gibt keinen," sagt Christus, „der Haus, Hof, *Mk. 10, 28-30*

Weisheit, der Geist des Verstandes, der Geist des Rates, der Geist der Stärke, der Geist der Kunst und der Geist der Gottseligkeit. In Riedemanns Traktat finden wir für die ersten sechs „Pfeiler" dieselben Bezeichnungen, während er für den siebenten Pfeiler „Gottes Huld und Freundschaft" hat, wo Jörg Hauck „Gottseligkeit" setzt.

Die Grundlage für diese Aufzählung ist offenbar Jesaia 11, 2, wo sechs dieser Qualitäten genannt werden, nämlich der Geist der Weisheit, des Verstandes, des Rates, der Stärke, der Erkenntnis und der Furcht des Herrn (wobei Erkenntnis und „Kunst" hier ungefähr dasselbe bedeuten). Nur die siebente Qualität oder der 7. Pfeiler wurde neu hinzugefügt.

Es sei noch bemerkt, daß in dem benützten Codex diese Schrift keinen besonderen Titel hat, sondern ohne Unterbrechung die frühere Schrift „Wie man das Haus Gottes bauen soll und was das Haus Gottes sei" fortsetzt. In anderen Abschriften aber findet sich der hier eingefüte Titel, „Von den sieben Pfeilern an diesem Hause", und wir folgen dieser Form, da sie den Sinn der Allegorie besser zum Ausdruck bringt.

Wiese, Acker, Weib, Kind, Vater, Mutter, Schwester, Brüder um meines Namens und des Evangeliums willen verlässt, der das nicht vielfältig zurück bekommt in dieser Welt und in der zukünftigen Welt ewiges Leben."

Ps. 111, 10

Der zweite Pfeiler an diesem Haus ist Gottes Weisheit. Denn wer Gott fürchtet, wird die Weisheit erkennen. Gegen diesen Pfeiler stoßen der gewaltige Wind und das schädliche Wasser, die menschliche Weisheit. Er sagt: „Es ist ein närrisches Ding, dass sie sich willig in solche Gefahr begeben." Daher ist ihnen auch das Wort vom Kreuz eine Torheit. Ja, sie sprechen, wie es recht sein könnte, dass ihnen niemand nachfolgt, denn das einfältige Volk wird verführt. Wem glaubt schon etwa ein Weiser oder Schriftgelehrter oder Reicher?

Dem müssen wir widerstehen mit der Weisheit Gottes, welche Christus ist, die von allen Menschen verachtet wird, und die Weisheit muss gerichtet werden von allen ihren Kindern. Auch spricht Paulus: „Die göttliche Weisheit ist eine Torheit vor der Welt; denn sie kann von der Weisheit dieser Welt nicht erkannt werden." Da aber die göttliche Torheit weiser ist als die Welt in all ihrer Weisheit, so müssen wir durch dieselbe der Welt mit ihrer Weisheit widerstreben, weil sie eine Torheit vor Gott ist. Darum sind auch nicht viele der Weltweisen

Lk. 7, 35

1 Kor. 1, 18

1 Kor. 1, 21

1 Kor. 1, 20

berufen, wie geschrieben steht: „Wo sind die Weisen, wo sind die Schriftgelehrten, wo sind die gelehrten Doktoren dieser Welt? Hat nicht Gott die Weisheit dieser Welt zuschanden gemacht?" Und ein anderes Mal: „Der Herr weiß von den Gedanken der Weisen, dass sie nichtig sind." Und noch einmal: „Der Herr ergreift die Weisen bei ihren Tücken." Darum spricht Christus: „Ich preise dich, Vater und Herr des Himmels und der Erde, dass du deine Weisheit verborgen hast vor den Weltweisen und Schriftgelehrten und es den Kleinen geoffenbart hast. Ja, Vater, dir hat es so gefallen."

Ps. 94, 11

Hiob 5, 13

Mt. 11, 25

Der dritte Pfeiler an diesem Haus ist der Verstand Gottes. An diesen Pfeiler stößt der gewaltige Wind, der menschliche Verstand, der alles mit seiner Klugheit ermessen und erkennen will und spricht: Lieber, das ist ein verständiger Mann, man findet nicht so bald seinesgleichen, der also erfahren ist in der Schrift und seine guten Dinge sagt, er versteht es auch sehr gut; diesem müssen wir durch den Verstand Gottes widerstehen und wir dürfen nicht dem gehorchen, der nach eigener Wahl einhergeht und nicht nach Christus. Denn Gott spricht: „Ich will die Weisheit der Weisen vertilgen und den Verstand der Verständigen verwerfen." Deshalb ist aller Verstand der Menschen eitel und unnütz. Deswegen müssen wir allein dem nachtrachten,

[45]

1 Kor. 1, 18

Jes. 29, 14

Jak. 1, 17

was von oben herabkommt. Denn jede gute Gabe, die kommt von oben herab, vom Vater der Lichter, bei dem kein Wechsel und keine Veränderung der Finsternis sind. Darum spricht Christus: „Ihr müsst alle von Gott gelehrt werden. Wer es nun von meinem Vater hört und lernt, der kommt zu mir." „Darum rühme sich," wie Paulus sagt, „niemand eines Menschen. Denn alles Verstehen müssen wir von Gott erwarten." Das ist aber der Verstand, der aus Gott kommt. Wenn Gottes Geist sich durch selbst erläutert und Schrift mit Schrift erklärt wird, dann wird es nicht hinfällig oder irrig sein.

Joh. 6, 45

1 Kor. 3, 21

Der vierte Pfeiler an diesem Haus ist der Rat Gottes. An diesen Pfeiler stößt der gewaltige Wind, der menschliche Rat derer, die kommen und sprechen: „Mein Lieber, du bist doch eine feine, geradlinige Person, du kannst es noch gut zu etwas bringen, ein rechtschaffener Mann oder Frau werden, Kinder erziehen und kannst dennoch Gott gut dienen. Schau, du bist also selber schuld an dir und es ist genauso viel, wie wenn du Selbstmord begehen würdest. Siehe, Lieber, tue es nicht! Meinst du nicht, wir möchten nicht auch gern selig werden, und obwohl wir das nicht tun, ist Gott doch barmherzig. Dazu hat Christus genug getan für unsere Sünden. Was dürfen wir denn alles. Wenn ich's nur glaube, so ist es schon gerichtet. Oder es ist im Herzen geheilt; wenn du das glaubst, darfst du es wohl einem jedem sagen."

Diesem allen müssen wir widerstehen mit dem Rat Christi, der da spricht: „Was würde es dem Menschen nützen, wenn er die ganze Welt gewönne, an seiner Seele aber Schaden leidet, oder was würde er geben, um seine Seele zu erlösen!" Und noch einmal: „Ihr müsst verachtet werden von jedermann," und „Wer sein Leben sucht, der wird es verlieren; wer es aber verlieren wird um meines Namens willen, der wird es finden." Also dazu: „Niemand kommt zum Vater als nur durch mich." „Ihr seid Christi teilhaftig geworden, wenn ihr andererseits den Anfang seines Wesens fest behalten habt." Und: „Ich bin Gott, der ich die Missetat der Väter räche an den Kindern bis ins dritte und vierte Glied an denen, die mich hassen, und ich tue tausendfach Barmherzigkeit denen, die meinen Namen lieben." Und: „Wir sind Miterben Christi geworden; dafür müssen wir aber auch mit ihm mitleiden, damit auch wir mit ihm zur Seligkeit erhoben werden." Und: „Wer von Herzen glaubt, wird gerechtfertigt, wer aber mit dem Mund bekennt, wird selig."

Mt. 16, 26

Mt. 10, 22
Mt. 10, 39

Joh. 14, 6
Hebr. 3, 14

2 Pet. 1, 14

Ex, 20, 5

Rom. 8, 17

[46]
Rom. 10, 9

Der fünfte Pfeiler an diesem Haus ist die Stärke Gottes. An diesen Pfeiler stößt der gewaltige Wind, die menschliche Stärke und Kraft, die kommt und spricht: „Ach, wie willst du das durchführen? Die ganze Welt ist dagegen. Meinst du, du könntest dich der ganzen Welt widersetzen, wo doch Könige, Fürsten, Herren und alle, die Macht haben, dir nachstellen, um dich zu töten!"

Dem müssen wir widerstehen durch die Stärke und Kraft Gottes, denn Christus spricht: „Der Vater ist stärker als die ganze Welt und niemand kann ihm einen aus seiner Hand reißen." Und noch einmal: „Freuet euch, ich habe die Welt überwunden." Und abermals: „Der in euch ist, ist größer als der, der in der Welt ist." Es ist geschrieben: „Es sind aber eure Haare auf eurem Haupt gezählt und euch wird keines davon ausfallen ohne eures Vaters wissen. Deswegen erschrecket nicht!" Und David spricht: „Es ist besser, auf Gott zu vertrauen, als sich auf Fürsten zu verlassen. Es ist besser, auf Gott zu vertrauen, als sich auf Menschen zu verlassen." Verlass dich nicht auf Fürsten und Menschenkinder, denn die können nicht helfen. Und noch einmal: „Gott schlägt allen unseren Feinden auf die Backe und zerbricht die Zähne der Gottlosen." „Ist nun Gott mit uns, wer kann uns schaden? Niemand, denn bei dem Herren befindet sich das Heil."

Joh. 10, 29

Joh. 16, 33

1 Joh. 4, 4

Mt. 10, 31-32

Ps. 118, 9

Ps. 3, 8

Rom. 8, 31-35

Apg. 4, 12

Der sechste Pfeiler an diesem Haus ist die Kunstfertigkeit Gottes. An diesen Pfeiler stößt der gewaltige Wind, die Menschenkunst. Sie tut so, als ob sie sehr viel wüsste und könnte. Und doch ist ihr Wissen so, wie Paulus spricht: „Die da meinen, viel zu wissen, die wissen noch nicht einmal, wie man wissen soll." Und ein anderes Mal: „Das Wissen bläst auf, die Liebe aber bessert." *1 Kor. 8, 2* *1 Kor. 5, 2*

Da kommen manche und sagen: „Lieber, meinst du, dass es Schuster und Schneider besser wissen sollten als die, die ihr Leben lang in den Wissenschaften sich geübt haben und darin erfahren sind?"[6]

Diesen antwortet Paulus und spricht: „Indem sie sich für weise hielten, sind sie zu Narren geworden." Denn Gottes Wort und Kunstfertigkeit lernet man nicht in hohen Schulen, sondern wie Christus spricht: „Wer es vom Vater hört und lernt, der kommt zu mir." Darum müssen wir das alles verachten, damit wir die wahre Kunst erlangen, welche wir erst lernen in der Züchtigung des Vaters, wenn wir mit David in die Zuchtschule Gottes kommen, wie Gott durch den Propheten spricht, "Wen soll ich meine Kunst lehren als den, der von der Milch entwöhnt ist?" *Rom. 1, 22* *Joh. 6, 44* *Jes. 28, 9*

Mit diesen Fertigkeiten müssen wir gegen alles ankämpfen, was in der Welt ist, während wir auf *[47]*

---

6 *Septem Atres Liberales*, also was heute allgemeiner „Wissenschaft" genannt würde. Daraus ergibt sich, daß Riedemann mit diesem 6. Pfeiler die geistige „Wissenschaft Gottes" meint, der gegenüber er die weltliche Wissenschaften ablehnt.

den Bräutigam Christus warten, dass wir bereit sind wenn er kommt.

Darum müssen wir alles Wissen dieser Welt von uns ablegen, damit wir das wahre Wissen Gottes haben, wie Paulus sagt: „Wer weiser sein will, der werde ein Narr, damit er weise werden kann."

1 Kor. 3, 18

Der siebente Pfeiler an diesem Haus ist Gottes Gunst oder Freundschaft. Denn wer in diesem allen überwindet, der wird Freund Gottes genannt werden. An diesen Pfeiler stoßen der gewaltige Wind und das verderbliche Wasser, die Freundschaft und Gunst der Welt, Verlangen nach Gütern, prächtigem Leben und dergleichen. Wer nach solchem trachtet, dazu mit anderen paktiert, der ist von der Welt geliebt—wie Christus sagt: „Die Welt hat das ihre lieb"—dagegen müssen wir aber ankämpfen durch die Gnade und Liebe Gottes und uns vor der Freundschaft dieser Welt hüten, denn es steht geschrieben: „Wer Gottes Freund sein will, der muss der Welt Feind sein, denn die Feindschaft Gottes ist eine Freundschaft der Welt." Und wiederum: „Die Freundschaft Gottes ist Feindschaft gegenüber der Welt." Darum spricht Christus: „Wäret ihr von der Welt, so hätte euch die Welt lieb. Da ihr aber nicht von dieser Welt seid, hasst euch die Welt."

Joh. 15, 14

Joh. 15, 19

Jak. 4, 4

Joh. 17, 14

„Und es wird geschehen," spricht er, „dass der, der einen von euch töten wird, meinen wird, er tue Gott

Joh. 17, 14

damit einen Gefallen." Und noch einmal: „Ihr müsst gehasst werden von allen Menschen um meines Namens Willen, damit er alles überwinden wird durch die Gnade und Liebe Gottes." Denn wenn wir ihn von Herzen lieb haben, so wird es leicht für uns, alles zu tragen, was uns um seines Namens willen auferlegt wird. Darum spricht Christus: „Selig seid ihr, wenn ihr hier verfolgt werdet, denn eure Erlösung wird kommen."

Mt. 10, 22

Lk. 6, 22

Wer nun in all dem siegen wird, dessen Werke und Gebäude werden bleiben und nicht verbrennen, sondern aus dem Feuer gerettet. Darum wird Christus bei ihm einkehren und Abendmahl mit ihm halten und er wird ihn auf seinem Stuhl sitzen lassen, wie auch Christus überwunden hat und auf dem Stuhl seines Vaters gesessen ist. Zu diesem Überwinden helfe uns die Kraft Gottes! Amen.

1 Kor. 3, 15

Off. 3, 20

Ihr, die ihr seid wie Lot, geht weg von Sodom, damit ihr nicht von ihren Plagen empfangt!

Geschrieben ins Gefängnis zu Gmunden, Oberösterreich im Jahre 1530.[7]

---

7 In manchen Hs. folgt noch: „Im 1530er Jar. Peter Rideman." Der Brüner Codex hat weder Datum noch Unterschrift.

Rechenschafft

Gott Zu seiner Almechtigen Krafft

und Gottheit schwebet im wind, da
noch kein gründlein was und er der
welt gründt fest gelegt was er
ist unendlich wesen in seiner
herrlichkeit allein Da er aber alles
was daucht es in zu lang zu wenig sein die weill nichts was es
Zu preisset, und das lob seines
namens Rüemett Dan er einen
preiss haben wolt Darumb er in seinem Ewig beständigen
und unwiederwendtlichen Radt gedacht, und beschüfft
himel und erden, und erhielt die selbigen mit seiner
herrlichkeit das ist mit aller gschöpff Den werck Seines Her-
gesen bekant und erhoben weit, sein unsichtbar wesen und
Ewige Krafft, so man darauff achtet Da es aber es besahe
bedenckt es sich, Es alles, das und seer güett was und nach
seinem willen Gemacht was und gantz keinen tadl hat, da
Er selber darüber zeüget aber und es Jnan allen werckt noch
nit Befunden, ein werck oder Creatur die in den preiss
den er haben wolt, geben möcht Darumb spracho er laßet uns
Menschen machen die nach unserem Bild gestaltet sein das ist die
da volkomen und gantz Laütter und Rein sein, und gantz keinen flecken haben er Schüefft sie also . Einen man und
weib . und gab inen zu beschützen alles werck seiner hendt
außgenomen den baum Das leben, und wißent Güett und
bös. Dannen sprach er, wehe stündt is ob sie werden
werdet

Erste Seite des Peter Janzen Codex. Jakob Kleinsasser Sammlung, Crystal Spring Gemeinde, Ste. Agathe, Mb.

Peter Rideman

...erdet in des todts sterben, aber d' mensch, den Gott ge=
macht hat, was wolt lob von In haben? wendet sich bald
zu Rücken und vergißt des gebots seines machers halt, und
aller wolthat im vorborgen, nam an sich seit dem ungehorsam
und ast von der Robotnen frucht das gezüct In und seinem
Namen nach in zu fall, und Erzeürnüt darumb des villen
kombt d' zorn Gottes über in, Also das er auch die erden umb
seinet willen verfluecht die in disst und dorn tragen solt
so er das guet verhofft, zu straff darüber, das auch Gott
etwas guets und gehorsams von in gewartet hat, Er aber
distlen und dorn und ungehorsam tragen und erwisen hat,
darüm auch kam der todt und endig verderben über In
und allen seinem Namen, und war im allen unmüglich,
widerumb zu er langen, Es Sehnig, Es d' einig mensch dem
das losen hat. Es ist Gottes güet und holtschafft, das der Zorn
Gottes war über sie gefallen, und lagen und der finst in gwalt
des todts, wie und einen schaden hat den niemandts von
Inen heben möcht den allein der einig und ewig gwaltig,
Gott wieder den sie gesündiget hetten, durch sein aller lieb=
den für den Gott über zu seinen höchsten und aller Grössten
son, d' über uns befohlen war, möchte nit enthalten, und
das bergen sein lieb wie es dem unmüglich war, den es
selb die lieb is, darumb muest er sich selb erzeigen, und be=
weissen, und die lieb volstrecken, an dem menschligen Geschlecht
und nach dem sturtz widerumb einen trost geben, auch sein
verhaissung, auff es der mensch trost hete. In hoffnung, sprach
er zu d' schlangen, Ich will feindschafft setzen zwischen deinem
Namen, und dem Namen des weibs, und das weibs samen
sicht die deinen kopfs zertreten, Diser samen ist
Christus unser hailand, welcher d' schlangen den kopfs
zertreten, das ist dem teuffel seinen Gewalt und herrschafft
benommen hat, auch wol ein grosse lieb ist das, das gott uns

seinen

www.ingramcontent.com/pod-product-compliance
Lightning Source LLC
Chambersburg PA
CBHW040553010526
44110CB00054B/2665